TRANZLATY

El idioma es para todos

Språk är till för alla

El Manifiesto Comunista

Det Kommunistiska Manifestet

Karl Marx
&
Friedrich Engels

Español / Svenska

Published by Tranzlaty
ISBN: 978-1-80572-441-4
Original text by Karl Marx and Friedrich Engels
The Communist Manifesto
First published in 1848
www.tranzlaty.com

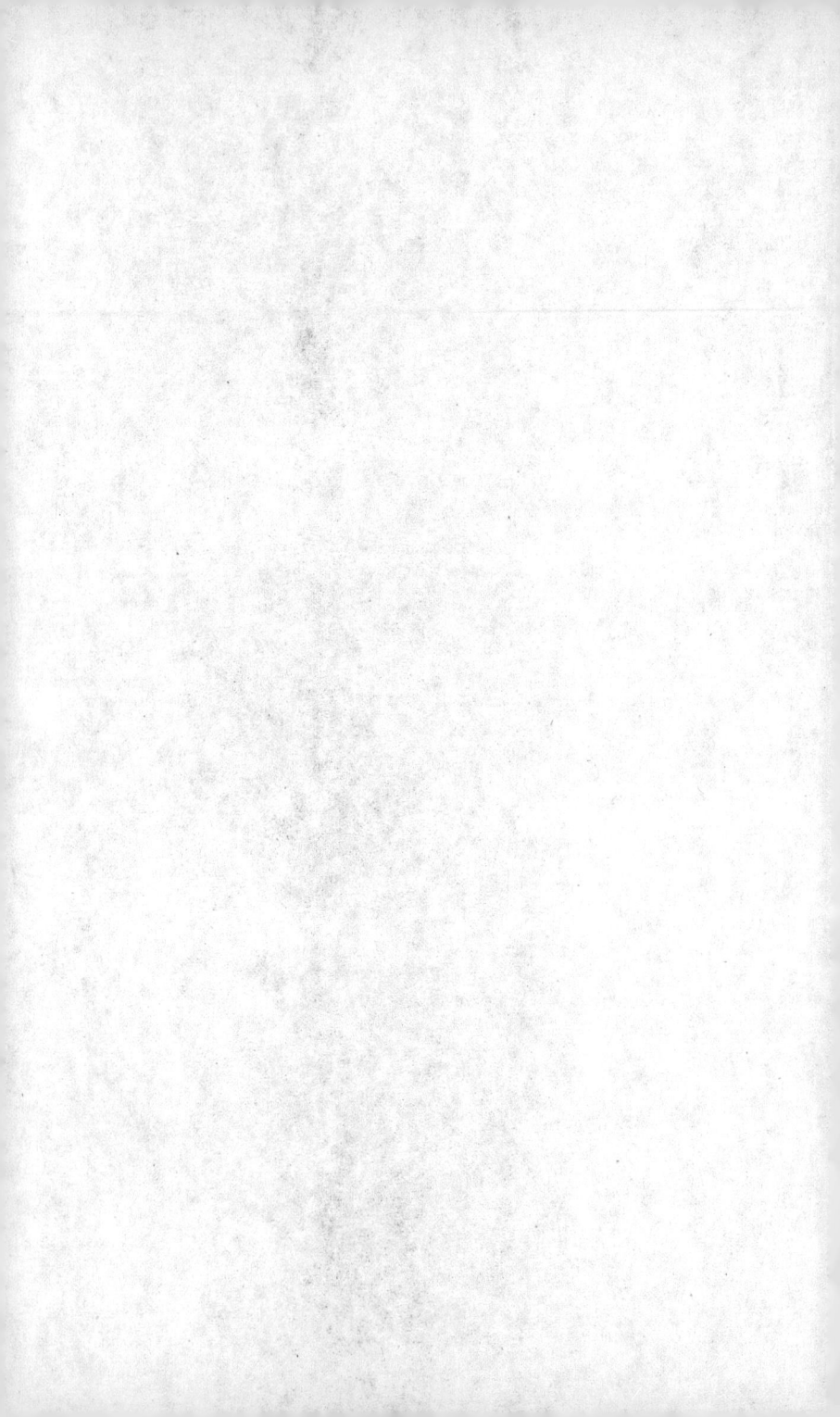

Introducción
Införandet

Un fantasma acecha a Europa: el fantasma del comunismo

Ett spöke hemsöker Europa – kommunismens spöke

Todas las potencias de la vieja Europa han entrado en una santa alianza para exorcizar este fantasma

Alla makterna i det gamla Europa har ingått en helig allians för att driva ut detta spöke

El Papa y el Zar, Metternich y Guizot, los radicales franceses y los espías de la policía alemana

Påven och tsaren, Metternich och Guizot, franska radikaler och tyska polisspioner

¿Dónde está el partido en la oposición que no ha sido tachado de comunista por sus adversarios en el poder?

Var finns det oppositionsparti som inte har fördömts som kommunistiskt av sina motståndare vid makten?

¿Dónde está la Oposición que no haya devuelto el reproche de marca al comunismo contra los partidos de oposición más avanzados?

Var finns den opposition, som inte har slungat tillbaka kommunismens brännmärkningssmälek mot de mer avancerade oppositionspartierna?

¿Y dónde está el partido que no ha hecho la acusación contra sus adversarios reaccionarios?

Och var finns det parti som inte har riktat anklagelsen mot sina reaktionära motståndare?

Dos cosas resultan de este hecho

Två saker är resultatet av detta faktum

I. El comunismo es ya reconocido por todas las potencias europeas como una potencia en sí misma

I. Kommunismen är redan erkänd av alla europeiska makter som en självständig makt

II. Ya es hora de que los comunistas publiquen abiertamente, a la vista de todo el mundo, sus puntos de vista, sus objetivos y sus tendencias

II. Det är hög tid att kommunisterna öppet inför hela världen offentliggör sina åsikter, mål och tendenser

deben hacer frente a este cuento infantil del Espectro del Comunismo con un Manifiesto del propio partido

De måste möta denna barnkammarsaga om kommunismens spöke med ett manifest från partiet självt

Con este fin, comunistas de diversas nacionalidades se han reunido en Londres y han esbozado el siguiente Manifiesto

I detta syfte har kommunister av olika nationaliteter samlats i London och skisserat följande manifest

El presente manifiesto se publicará en inglés, francés, alemán, italiano, flamenco y danés

Detta manifest kommer att publiceras på engelska, franska, tyska, italienska, flamländska och danska språken

Y ahora se publicará en todos los idiomas que ofrece Tranzlaty

Och nu ska den publiceras på alla språk som Tranzlaty erbjuder

La burguesía y los proletarios
Bourgeoisin och proletärerna
La historia de todas las sociedades existentes hasta ahora es la historia de las luchas de clases
Alla hittillsvarande samhällens historia är klasskampens historia
Hombre libre y esclavo, patricio y plebeyo, señor y siervo, maestro de gremio y oficial
Fri och slav, patricier och plebej, herre och livegen, skråmästare och gesäll
en una palabra, opresor y oprimido
med ett ord, förtryckare och förtryckta
Estas clases sociales estaban en constante oposición entre sí
Dessa samhällsklasser stod i ständig motsättning till varandra
Llevaron a cabo una lucha ininterrumpida. Ahora oculto, ahora abierto
De förde en oavbruten kamp. Nu gömd, nu öppen
una lucha que terminó en una reconstitución revolucionaria de la sociedad en general
En kamp som antingen slutade i en revolutionär ombildning av samhället i stort
o una lucha que terminó en la ruina común de las clases contendientes
eller en kamp som slutade med de stridande klassernas gemensamma undergång
Echemos la vista atrás a las épocas anteriores de la historia
Låt oss se tillbaka på historiens tidigare epoker
Encontramos casi en todas partes una complicada organización de la sociedad en varios órdenes
Vi finner nästan överallt en invecklad indelning av samhället i olika ordningar
Siempre ha habido una múltiple gradación de rango social
Det har alltid funnits en mångfaldig gradering av den sociala rangen
En la antigua Roma tenemos patricios, caballeros, plebeyos, esclavos

I det antika Rom har vi patricier, riddare, plebejer, slavar
**en la Edad Media: señores feudales, vasallos, maestros de
gremios, oficiales, aprendices, siervos**
under medeltiden: feodalherrar, vasaller, skråmästare,
gesäller, lärlingar, livegna
**En casi todas estas clases, de nuevo, las gradaciones
subordinadas**
I nästan alla dessa klasser, återigen, underordnade
graderingar
**La sociedad burguesa moderna ha brotado de las ruinas de la
sociedad feudal**
Det moderna bourgeoisisamhället har vuxit upp ur det
feodala samhällets ruiner
**Pero este nuevo orden social no ha eliminado los
antagonismos de clase**
Men denna nya samhällsordning har inte gjort slut på
klassmotsättningarna
**No ha hecho más que establecer nuevas clases y nuevas
condiciones de opresión**
Den har bara skapat nya klasser och nya förtryckande
betingelser
**Ha establecido nuevas formas de lucha en lugar de las
antiguas**
Den har upprättat nya kampformer i stället för de gamla
**Sin embargo, la época en la que nos encontramos posee un
rasgo distintivo**
Men den epok vi befinner oss i har ett utmärkande drag
**la época de la burguesía ha simplificado los antagonismos
de clase**
Bourgeoisins epok har förenklat klassmotsättningarna
**La sociedad en su conjunto se divide cada vez más en dos
grandes campos hostiles**
Samhället som helhet håller mer och mer på att splittras i två
stora fientliga läger
**dos grandes clases sociales enfrentadas directamente: la
burguesía y el proletariado**

två stora samhällsklasser som står mitt emot varandra: bourgeoisin och proletariatet

De los siervos de la Edad Media surgieron los burgueses de las primeras ciudades

Från de livegna under medeltiden härstammade de privilegierade borgarna i de tidigaste städerna

A partir de estos burgueses se desarrollaron los primeros elementos de la burguesía

Ur dessa borgare utvecklades de första elementen av bourgeoisin

El descubrimiento de América y el doblamiento del Cabo

Upptäckten av Amerika och rundningen av Kap

estos acontecimientos abrieron un nuevo terreno para la burguesía en ascenso

Dessa händelser öppnade ny mark för den uppåtstigande bourgeoisin

Los mercados de las Indias Orientales y China, la colonización de América, el comercio con las colonias

De ostindiska och kinesiska marknaderna, koloniseringen av Amerika, handeln med kolonierna

el aumento de los medios de cambio y de las mercancías en general

Ökningen av bytesmedlen och av varorna i allmänhet

Estos acontecimientos dieron al comercio, a la navegación y a la industria un impulso nunca antes conocido

Dessa händelser gav handeln, sjöfarten och industrin en impuls som aldrig tidigare känts

Dio un rápido desarrollo al elemento revolucionario en la tambaleante sociedad feudal

Den utvecklade snabbt det revolutionära elementet i det vacklande feodala samhället

Los gremios cerrados habían monopolizado el sistema feudal de producción industrial

Slutna skrån hade monopoliserat det feodala systemet för industriproduktion

Pero esto ya no bastaba para satisfacer las crecientes necesidades de los nuevos mercados
Men detta räckte inte längre till för de nya marknadernas växande behov
El sistema manufacturero sustituyó al sistema feudal de la industria
Manufaktursystemet ersatte det feodala industrisystemet
Los maestros de gremio fueron empujados a un lado por la clase media manufacturera
Skråmästarna knuffades åt sidan av den tillverkande medelklassen
La división del trabajo entre los diferentes gremios corporativos desapareció
Arbetsdelningen mellan de olika korporativa skråna försvann
La división del trabajo penetraba en cada uno de los talleres
Arbetsdelningen genomsyrade varje enskild verkstad
Mientras tanto, los mercados seguían creciendo y la demanda seguía aumentando
Under tiden fortsatte marknaderna att växa och efterfrågan ständigt öka
Ni siquiera las fábricas bastaban para satisfacer las demandas
Inte ens fabrikerna räckte längre till för att möta kraven
A partir de entonces, el vapor y la maquinaria revolucionaron la producción industrial
Därefter revolutionerade ånga och maskiner den industriella produktionen
El lugar de la manufactura fue ocupado por el gigante, la Industria Moderna
Manufakturen ersattes av jätten, den moderna industrin
El lugar de la clase media industrial fue ocupado por millonarios industriales
Den industriella medelklassens plats intogs av industrimiljonärerna
el lugar de los jefes de ejércitos industriales enteros fue ocupado por la burguesía moderna

Den moderna bourgeoisin ersatte hela industriarméernas ledare

el descubrimiento de América allanó el camino para que la industria moderna estableciera el mercado mundial

Upptäckten av Amerika banade väg för den moderna industrin att etablera världsmarknaden

Este mercado dio un inmenso desarrollo al comercio, la navegación y la comunicación por tierra

Denna marknad gav en enorm utveckling av handel, sjöfart och kommunikation på land

Este desarrollo ha repercutido, en su momento, en la extensión de la industria

Denna utveckling har på sin tid återverkat på industrins utbredning

Reaccionó en proporción a cómo se extendía la industria, y cómo se extendían el comercio, la navegación y los ferrocarriles

Den reagerade i proportion till hur industrin utvidgades och hur handeln, sjöfarten och järnvägarna expanderade

en la misma proporción en que la burguesía se desarrolló, aumentó su capital

I samma proportion som bourgeoisin utvecklades, ökade de sitt kapital

y la burguesía relegó a un segundo plano a todas las clases heredadas de la Edad Media

Och bourgeoisin sköt varje klass som gått i arv från medeltiden i bakgrunden

por lo tanto, la burguesía moderna es en sí misma el producto de un largo curso de desarrollo

Därför är den moderna bourgeoisin själv en produkt av en lång utvecklingsgång

Vemos que es una serie de revoluciones en los modos de producción y de intercambio

Vi ser att det är en serie revolutioner i produktions- och utbytessätten

Cada paso de la burguesía desarrollista iba acompañado de un avance político correspondiente

Varje steg i bourgeoisins utveckling åtföljdes av ett motsvarande politiskt framsteg

Una clase oprimida bajo el dominio de la nobleza feudal

En förtryckt klass under den feodala adelns herravälde

una asociación armada y autónoma en la comuna medieval

En väpnad och självstyrande sammanslutning i den medeltida kommunen

aquí, una república urbana independiente (como en Italia y Alemania)

här en självständig stadsrepublik (som i Italien och Tyskland)

allí, un "tercer estado" imponible de la monarquía (como en Francia)

där, ett skattepliktigt "tredje stånd" i monarkin (som i Frankrike)

posteriormente, en el período de fabricación propiamente dicho

därefter, under den egentliga tillverkningsperioden,

la burguesía servía a la monarquía semifeudal o a la monarquía absoluta

bourgeoisin tjänade antingen den halvfeodala eller den absoluta monarkin

o la burguesía actuaba como contrapeso contra la nobleza

eller så fungerade bourgeoisin som en motvikt mot adeln

y, de hecho, la burguesía era una piedra angular de las grandes monarquías en general

Och i själva verket var bourgeoisin en hörnsten i de stora monarkierna i allmänhet

pero la industria moderna y el mercado mundial se establecieron desde entonces

Men storindustrin och världsmarknaden har sedan dess etablerat sig

y la burguesía ha conquistado para sí el dominio político exclusivo

Och bourgeoisin har erövrat sig ett exklusivt politiskt
herravälde
logró esta influencia política a través del Estado
representativo moderno
Den uppnådde detta politiska inflytande genom den moderna
representativa staten
Los ejecutivos del Estado moderno no son más que un
comité de gestión
Den moderna statens verkställande organ är bara en
förvaltningskommitté
y manejan los asuntos comunes de toda la burguesía
och de sköter hela bourgeoisins gemensamma angelägenheter
La burguesía, históricamente, ha desempeñado un papel
muy revolucionario
Bourgeoisin har historiskt spelat en mycket revolutionär roll
Dondequiera que se impuso, puso fin a todas las relaciones
feudales, patriarcales e idílicas
Varhelst den fick övertaget, gjorde den slut på alla feodala,
patriarkaliska och idylliska förhållanden
Ha roto sin piedad los abigarrados lazos feudales que unían
al hombre con sus "superiores naturales"
Den har obarmhärtigt slitit sönder de brokiga feodala band
som band människan till hennes "naturliga överordnade"
y no ha dejado ningún nexo entre el hombre y el hombre,
más allá del puro interés propio
Och den har inte lämnat något kvar av någon förbindelse
mellan människor annat än det nakna egenintresset
Las relaciones del hombre entre sí se han convertido en nada
más que un cruel "pago en efectivo"
Människornas relationer till varandra har inte blivit något
annat än känslokall "kontant betalning"
Ha ahogado los éxtasis más celestiales del fervor religioso
Den har dränkt den religiösa glödens mest himmelska extas
ha ahogado el entusiasmo caballeresco y el sentimentalismo
filisteo

Den har dränkt ridderlig entusiasm och kälkborgerlig
sentimentalitet
ha ahogado estas cosas en el agua helada del cálculo egoísta
Den har dränkt dessa saker i den egoistiska beräkningens
iskalla vatten
Ha resuelto el valor personal en valor de cambio
Den har upplöst personligt värde till utbytbart värde
**Ha sustituido a las innumerables e imprescriptibles
libertades estatutarias**
Den har ersatt de oräkneliga och ofrånkomliga stadgade
friheterna
**y ha establecido una libertad única e inconcebible; Libre
cambio**
och den har upprättat en enda, samvetslös frihet; Frihandel
En una palabra, lo ha hecho para la explotación
Med ett ord, den har gjort detta för att exploatera
explotación velada por ilusiones religiosas y políticas
Exploatering beslöjad av religiösa och politiska illusioner
**explotación velada por una explotación desnuda,
desvergonzada, directa, brutal**
Exploatering beslöjad av naken, skamlös, direkt, brutal
exploatering
**la burguesía ha despojado de la aureola a todas las
ocupaciones anteriormente honradas y veneradas**
Bourgeoisin har tagit bort glorian från varje tidigare hedrad
och vördad sysselsättning
**el médico, el abogado, el sacerdote, el poeta y el hombre de
ciencia**
Läkaren, advokaten, prästen, poeten och vetenskapsmannen
**Ha convertido a estos distinguidos trabajadores en sus
trabajadores asalariados**
Den har förvandlat dessa framstående arbetare till sina
avlönade lönarbetare
La burguesía ha rasgado el velo sentimental de la familia
Bourgeoisin har slitit bort den sentimentala slöjan från
familjen

y ha reducido la relación familiar a una mera relación monetaria
Och den har reducerat familjeförhållandet till ett rent penningförhållande
el brutal despliegue de vigor en la Edad Media que tanto admiran los reaccionarios
den brutala uppvisningen av kraft under medeltiden, som reaktionisterna beundrar så mycket
Aun esto encontró su complemento adecuado en la más perezosa indolencia
Till och med detta fann sitt passande komplement i den mest lättjefulla lättja
La burguesía ha revelado cómo sucedió todo esto
Bourgeoisin har avslöjat hur allt detta gick till
La burguesía ha sido la primera en mostrar lo que la actividad del hombre puede producir
Bourgeoisin har varit den första som visat vad människans verksamhet kan åstadkomma
Ha logrado maravillas que superan con creces las pirámides egipcias, los acueductos romanos y las catedrales góticas
Den har åstadkommit underverk som vida överträffar egyptiska pyramider, romerska akvedukter och gotiska katedraler
y ha llevado a cabo expediciones que han hecho sombra a todos los antiguos Éxodos de naciones y cruzadas
och den har genomfört expeditioner som ställt alla tidigare uttåg av nationer och korståg i skuggan
La burguesía no puede existir sin revolucionar constantemente los instrumentos de producción
Bourgeoisin kan inte existera utan att ständigt revolutionera produktionsinstrumenten
y, por lo tanto, no puede existir sin sus relaciones con la producción
Och därmed kan den inte existera utan sitt förhållande till produktionen

y, por lo tanto, no puede existir sin sus relaciones con la sociedad
Och därför kan den inte existera utan sina relationer till samhället
Todas las clases industriales anteriores tenían una condición en común
Alla tidigare industriklasser hade en betingelse gemensamt
Confiaban en la conservación de los antiguos modos de producción
De förlitade sig på bevarandet av de gamla produktionssätten
pero la burguesía trajo consigo una dinámica completamente nueva
Men bourgeoisin förde med sig en helt ny dynamik
Revolucionar constantemente la producción y perturbar ininterrumpidamente todas las condiciones sociales
Ständig omvälvning av produktionen och oavbruten störning av alla samhällsförhållanden
esta eterna incertidumbre y agitación distingue a la época burguesa de todas las anteriores
Denna eviga osäkerhet och oro skiljer bourgeoisins epok från alla tidigare
Las relaciones previas con la producción vinieron acompañadas de antiguos y venerables prejuicios y opiniones
Tidigare relationer med produktionen präglades av uråldriga och ärevördiga fördomar och åsikter
Pero todas estas relaciones fijas y congeladas son barridas
Men alla dessa fasta, fastfrusna relationer sopas bort
Todas las relaciones recién formadas se vuelven anticuadas antes de que puedan osificarse
Alla nybildade relationer blir föråldrade innan de kan förstelnas
Todo lo que es sólido se derrite en el aire, y todo lo que es santo es profanado
Allt som är fast smälter till luft, och allt som är heligt vanhelgas

El hombre se ve finalmente obligado a afrontar con sus sentidos sobrios sus verdaderas condiciones de vida

Människan är till sist tvungen att med nyktra sinnen möta sina verkliga livsbetingelser

y se ve obligado a afrontar sus relaciones con los de su especie

och han är tvungen att möta sina relationer med sina gelikar

La burguesía necesita constantemente ampliar sus mercados para sus productos

Bourgeoisin måste ständigt utvidga sina marknader för sina produkter

y, debido a esto, la burguesía es perseguida por toda la superficie del globo

Och på grund av detta jagas bourgeoisin över hela jordklotets yta

La burguesía debe anidar en todas partes, establecerse en todas partes, establecer conexiones en todas partes

Bourgeoisin måste nästla sig in överallt, slå sig ner överallt, upprätta förbindelser överallt

La burguesía debe crear mercados en todos los rincones del mundo para explotar

Bourgeoisin måste skapa marknader i världens alla hörn för att exploatera

La producción y el consumo en todos los países han adquirido un carácter cosmopolita

Produktionen och konsumtionen i varje land har fått en kosmopolitisk karaktär

el disgusto de los reaccionarios es palpable, pero ha continuado a pesar de todo

reaktionisternas förtret är påtaglig, men den har fortsatt oavsett

La burguesía ha sacado de debajo de los pies de la industria el terreno nacional en el que se encontraba

Bourgeoisin har ryckt upp den nationella mark, på vilken den stod under industrins fötter

Todas las industrias nacionales de vieja data han sido destruidas, o están siendo destruidas diariamente
Alla gamla etablerade nationella industrier har förstörts eller förstörs dagligen
Todas las viejas industrias nacionales son desplazadas por las nuevas industrias
Alla gamla etablerade nationella industrier trängs undan av nya industrier
Su introducción se convierte en una cuestión de vida o muerte para todas las naciones civilizadas
Deras införande blir en fråga om liv och död för alla civiliserade nationer
son desalojados por industrias que ya no trabajan con materia prima autóctona
De trängs undan av industrier som inte längre arbetar upp inhemska råvaror
En cambio, estas industrias extraen materias primas de las zonas más remotas
I stället hämtar dessa industrier råvaror från de mest avlägsna områdena
industrias cuyos productos se consumen, no solo en el país, sino en todos los rincones del mundo
Industrier vars produkter konsumeras, inte bara i hemmen, utan i varje hörn av världen
En lugar de las viejas necesidades, satisfechas por las producciones del país, encontramos nuevas necesidades
I stället för de gamla behoven, tillfredsställda av landets produktion, finner vi nya behov
Estas nuevas necesidades requieren para su satisfacción los productos de tierras y climas lejanos
Dessa nya behov kräver för att tillfredsställa produkter från fjärran länder och trakter
En lugar de la antigua reclusión y autosuficiencia local y nacional, tenemos el comercio
I stället för den gamla lokala och nationella avskildheten och självförsörjningen har vi handel

intercambio internacional en todas las direcciones; Interdependencia universal de las naciones

internationellt utbyte i alla riktningar; Universellt ömsesidigt beroende mellan nationer

Y así como dependemos de los materiales, también dependemos de la producción intelectual

Och på samma sätt som vi är beroende av material, så är vi beroende av intellektuell produktion

Las creaciones intelectuales de las naciones individuales se convierten en propiedad común

De enskilda nationernas intellektuella skapelser blir gemensam egendom

La unilateralidad nacional y la estrechez de miras se vuelven cada vez más imposibles

Nationell ensidighet och trångsynthet blir mer och mer omöjlig

y de las numerosas literaturas nacionales y locales, surge una literatura mundial

Och ur de talrika nationella och lokala litteraturerna uppstår en världslitteratur

por el rápido perfeccionamiento de todos los instrumentos de producción

genom en snabb förbättring av alla produktionsinstrument

por los medios de comunicación inmensamente facilitados

av de oerhört underlättade kommunikationsmedlen

La burguesía atrae a todos (incluso a las naciones más bárbaras) a la civilización

Bourgeoisin drar in alla (även de mest barbariska nationerna) i civilisationen

Los precios baratos de sus mercancías; la artillería pesada que derriba todas las murallas chinas

De billiga priserna på dess varor; det tunga artilleriet som slår ner alla kinesiska murar

El odio intensamente obstinado de los bárbaros hacia los extranjeros se ve obligado a capitular

Barbarernas hårdnackade främlingshat tvingas kapitulera

Obliga a todas las naciones, bajo pena de extinción, a adoptar el modo de producción burgués
Den tvingar alla nationer att vid äventyr av utrotning anta bourgeoisins produktionssätt
los obliga a introducir lo que llama civilización en su seno
Den tvingar dem att införa vad den kallar civilisation mitt ibland dem
La burguesía obliga a los bárbaros a convertirse ellos mismos en burgueses
Bourgeoisin tvingar barbarerna att själva bli bourgeoisi
en una palabra, la burguesía crea un mundo a su imagen y semejanza
Med ett ord: bourgeoisin skapar en värld efter sin egen avbild
La burguesía ha sometido el campo al dominio de las ciudades
Bourgeoisin har underkastat landsbygden städernas herravälde
Ha creado enormes ciudades y ha aumentado considerablemente la población urbana
Den har skapat enorma städer och kraftigt ökat stadsbefolkningen
Rescató a una parte considerable de la población de la idiotez de la vida rural
Den räddade en betydande del av befolkningen från landsbygdens idioti
pero ha hecho que los del campo dependan de las ciudades
Men den har gjort dem som bor på landsbygden beroende av städerna
y asimismo, ha hecho que los países bárbaros dependan de los civilizados
Och på samma sätt har den gjort de barbariska länderna beroende av de civiliserade
naciones de campesinos sobre naciones de la burguesía, el Este sobre el Oeste
bondenationer på bourgeoisins nationer, öst på väst

La burguesía suprime cada vez más el estado disperso de la población

Bourgeoisin gör sig mer och mer av med den splittrade befolkningens tillstånd

Ha aglomerado la producción y ha concentrado la propiedad en pocas manos

Den har en agglomererad produktion och har koncentrerat egendomen i några få händer

La consecuencia necesaria de esto fue la centralización política

Den nödvändiga konsekvensen av detta var politisk centralisering

Había habido naciones independientes y provincias poco conectadas

Det hade funnits självständiga nationer och löst sammanhållna provinser

Tenían intereses, leyes, gobiernos y sistemas tributarios separados

De hade olika intressen, lagar, regeringar och skattesystem

pero se han agrupado en una sola nación, con un solo gobierno

Men de har klumpats ihop till en nation, med en regering

Ahora tienen un interés nacional de clase, una frontera y un arancel aduanero

De har nu ett nationellt klassintresse, en gräns och en tulltaxa

Y este interés nacional de clase está unificado bajo un solo código de leyes

Och detta nationella klassintresse är förenat under en enda lagsamling

la burguesía ha logrado mucho durante su gobierno de apenas cien años

Bourgeoisin har uträttat mycket under sitt knappa hundraåriga styre

fuerzas productivas más masivas y colosales que todas las generaciones precedentes juntas

mer massiva och kolossala produktivkrafter än alla tidigare generationer tillsammans har gjort

Las fuerzas de la naturaleza están subyugadas a la voluntad del hombre y su maquinaria

Naturens krafter är underkastade människans och hennes maskiners vilja

La química se aplica a todas las formas de industria y tipos de agricultura

Kemi tillämpas på alla former av industri och typer av jordbruk

la navegación a vapor, los ferrocarriles, los telégrafos eléctricos y la imprenta

ångsjöfart, järnvägar, elektriska telegrafer och tryckpressen

desbroce de continentes enteros para el cultivo, canalización de ríos

röjning av hela kontinenter för odling, kanalisering av floder

Poblaciones enteras han sido sacadas de la tierra y puestas a trabajar

Hela befolkningar har trollats fram ur marken och satts i arbete

¿Qué siglo anterior tuvo siquiera un presentimiento de lo que podría desencadenarse?

Vilket tidigare århundrade hade ens en föraning om vad som kunde släppas lös?

¿Quién predijo que tales fuerzas productivas dormitaban en el regazo del trabajo social?

Vem hade förutsett att sådana produktivkrafter slumrade i det samhälleliga arbetets sköte?

Vemos, pues, que los medios de producción y de intercambio se generaban en la sociedad feudal

Vi ser alltså, att produktions- och samfärdsmedlen alstrades i det feodala samhället

los medios de producción sobre cuyos cimientos se construyó la burguesía

de produktionsmedel, på vilkas grundval bourgeoisin byggde upp sig

En una determinada etapa del desarrollo de estos medios de producción y de intercambio
På ett visst stadium i utvecklingen av dessa produktions- och utbytesmedel
las condiciones bajo las cuales la sociedad feudal producía e intercambiaba
De betingelser, under vilka det feodala samhället producerade och utbytte
La organización feudal de la agricultura y la industria manufacturera
Den feodala organisationen av jordbruket och manufakturindustrin
Las relaciones feudales de propiedad ya no eran compatibles con las condiciones materiales
De feodala egendomsförhållandena var inte längre förenliga med de materiella betingelserna
Tuvieron que ser reventados en pedazos, por lo que fueron reventados en pedazos
De måste sprängas sönder, så de sprängdes sönder
En su lugar entró la libre competencia de las fuerzas productivas
I deras ställe steg den fria konkurrensen från produktivkrafterna
y fueron acompañadas de una constitución social y política adaptada a ella
Och de åtföljdes av en social och politisk konstitution som var anpassad till den
y fue acompañado por el dominio económico y político de la burguesía
och den åtföljdes av bourgeoisins ekonomiska och politiska herravälde
Un movimiento similar está ocurriendo ante nuestros propios ojos
En liknande rörelse pågår framför våra egna ögon
La sociedad burguesa moderna con sus relaciones de producción, de intercambio y de propiedad

Det moderna bourgeoisisamhället med dess produktions-, utbytes- och egendomsförhållanden

una sociedad que ha conjurado medios de producción y de intercambio tan gigantescos

ett samhälle som har trollat fram sådana gigantiska produktions- och utbytesmedel

Es como el hechicero que invocó los poderes del mundo inferior

Det är som trollkarlen som kallade på underjordens makter

Pero ya no es capaz de controlar lo que ha traído al mundo

Men han kan inte längre kontrollera vad han har fört till världen

Durante muchas décadas, la historia pasada estuvo unida por un hilo conductor

Under många decennier har historien knutits samman av en röd tråd

La historia de la industria y del comercio no ha sido más que la historia de las revueltas

Industrins och handelns historia har bara varit revolternas historia

las revueltas de las fuerzas productivas modernas contra las condiciones modernas de producción

De moderna produktivkrafternas uppror mot de moderna produktionsförhållandena

Las revueltas de las fuerzas productivas modernas contra las relaciones de propiedad

De moderna produktivkrafternas uppror mot egendomsförhållandena

estas relaciones de propiedad son las condiciones para la existencia de la burguesía

Dessa egendomsförhållanden är betingelserna för bourgeoisins existens

y la existencia de la burguesía determina las reglas de las relaciones de propiedad

Och bourgeoisins existens bestämmer reglerna för egendomsförhållandena

Baste mencionar el retorno periódico de las crisis comerciales
Det räcker med att nämna de periodiska återkomsterna av handelskriser
cada crisis comercial es más amenazante para la sociedad burguesa que la anterior
varje handelskris är mer hotande för det borgerliga samhället än den förra
En estas crisis se destruye gran parte de los productos existentes
I dessa kriser förstörs en stor del av de befintliga produkterna
Pero estas crisis también destruyen las fuerzas productivas previamente creadas
Men dessa kriser förstör också de tidigare skapade produktivkrafterna
En todas las épocas anteriores, estas epidemias habrían parecido un absurdo
Under alla tidigare epoker skulle dessa epidemier ha förefallit som en absurditet
porque estas epidemias son las crisis comerciales de la sobreproducción
Därför att dessa epidemier är överproduktionens kommersiella kriser
De repente, la sociedad se encuentra de nuevo en un estado de barbarie momentánea
Samhället befinner sig plötsligt åter i ett tillstånd av tillfälligt barbari
como si una guerra universal de devastación hubiera cortado todos los medios de subsistencia
som om ett universellt krig av förödelse hade skurit av alla livsförnödenheter
la industria y el comercio parecen haber sido destruidos; ¿Y por qué?
industri och handel tycks ha förstörts; Och varför?
Porque hay demasiada civilización y medios de subsistencia

Därför att det finns för mycket civilisation och för mycket medel för uppehälle

y porque hay demasiada industria y demasiado comercio
Och för att det finns för mycket industri och för mycket handel

Las fuerzas productivas a disposición de la sociedad ya no desarrollan la propiedad burguesa
De produktivkrafter, som står till samhällets förfogande, utvecklar inte längre bourgeoisins egendom

por el contrario, se han vuelto demasiado poderosos para estas condiciones, por las cuales están encadenados
Tvärtom har de blivit alltför mäktiga för dessa betingelser, som fjättrar dem

tan pronto como superan estas cadenas, traen el desorden a toda la sociedad burguesa
Så snart de övervunnit dessa fjättrar, bringar de oordning i hela det borgerliga samhället

y las fuerzas productivas ponen en peligro la existencia de la propiedad burguesa
Och produktivkrafterna sätter bourgeoisins egendom på spel

Las condiciones de la sociedad burguesa son demasiado estrechas para abarcar la riqueza creada por ellas
Förhållandena i det borgerliga samhället är alltför trånga för att rymma den rikedom som det skapar

¿Y cómo supera la burguesía estas crisis?
Och hur kommer bourgeoisin över dessa kriser?

Por un lado, supera estas crisis mediante la destrucción forzada de una masa de fuerzas productivas
Å ena sidan övervinner den dessa kriser genom att påtvinga förintelsen av en mängd produktivkrafter

por otro lado, supera estas crisis mediante la conquista de nuevos mercados
Å andra sidan övervinner den dessa kriser genom att erövra nya marknader

y supera estas crisis mediante la explotación más completa de las viejas fuerzas productivas

Och den övervinner dessa kriser genom att grundligare
exploatera de gamla produktivkrafterna
**Es decir, allanando el camino para crisis más extensas y
destructivas**
Det vill säga genom att bana väg för mer omfattande och mer
destruktiva kriser
**supera la crisis disminuyendo los medios para prevenir las
crisis**
Den övervinner krisen genom att minska de medel genom
vilka kriser kan förebyggas
**Las armas con las que la burguesía derribó el feudalismo se
vuelven ahora contra sí misma**
De vapen, med vilka bourgeoisin fällde feodalismen, är nu
vända mot sig själv
**Pero la burguesía no sólo ha forjado las armas que le dan la
muerte**
Men bourgeoisin har inte bara smidit de vapen som bringar
död åt sig själv
**También ha llamado a la existencia a los hombres que han
de empuñar esas armas**
Den har också framkallat de män som ska hantera dessa vapen
**Y estos hombres son la clase obrera moderna; Son los
proletarios**
Och dessa män är den moderna arbetarklassen; De är
proletärerna
**En la misma proporción en que se desarrolla la burguesía, en
la misma proporción se desarrolla el proletariado**
I samma mån som bourgeoisin är utvecklad, i samma
proportion är proletariatet utvecklat
La clase obrera moderna desarrolló una clase de trabajadores
Den moderna arbetarklassen utvecklade en klass av arbetare
Esta clase de obreros vive sólo mientras encuentran trabajo
Denna klass av arbetare lever bara så länge de finner arbete
**y sólo encuentran trabajo mientras su trabajo aumenta el
capital**
Och de får arbete endast så länge deras arbete ökar kapitalet

Estos obreros, que deben venderse a destajo, son una mercancía
Dessa arbetare, som måste sälja sig bit för bit, är en vara
Estos obreros son como cualquier otro artículo de comercio
Dessa arbetare är som varje annan handelsartikel
y, en consecuencia, están expuestos a todas las vicisitudes de la competencia
Och de är följaktligen utsatta för konkurrensens alla växlingar
Tienen que capear todas las fluctuaciones del mercado
De måste klara av alla fluktuationer på marknaden
Debido al uso extensivo de maquinaria y a la división del trabajo
På grund av den omfattande användningen av maskiner och arbetsfördelningen
El trabajo de los proletarios ha perdido todo carácter individual
Proletärernas arbete har förlorat all egenart
y, en consecuencia, el trabajo de los proletarios ha perdido todo encanto para el obrero
Och följaktligen har proletärernas arbete förlorat all charm för arbetaren
Se convierte en un apéndice de la máquina, en lugar del hombre que una vez fue
Han blir ett bihang till maskinen, snarare än den människa han en gång var
Sólo se requiere de él la habilidad más simple, monótona y más fácil de adquirir
Endast den enklaste, mest enformiga och lättförvärvade talang krävs av honom
Por lo tanto, el costo de producción de un trabajador está restringido
Därför är en arbetares produktionskostnader begränsade
se restringe casi por completo a los medios de subsistencia que necesita para su manutención
Den är nästan helt begränsad till de medel för uppehälle som han behöver för sitt uppehälle

y se restringe a los medios de subsistencia que necesita para la propagación de su raza

Och den är begränsad till de livsförnödenheter som hon behöver för sin ras fortplantning

Pero el precio de una mercancía, y por lo tanto también del trabajo, es igual a su costo de producción

Men priset på en vara, och därmed också på arbetet, är lika med dess produktionskostnader

Por lo tanto, a medida que aumenta la repulsividad del trabajo, disminuye el salario

I samma mån som arbetets motbjudande karaktär ökar, sjunker alltså lönen

Es más, la repulsión de su obra aumenta a un ritmo aún mayor

Nej, motbjudandet i hans arbete ökar i ännu högre takt

A medida que aumenta el uso de maquinaria y la división del trabajo, también lo hace la carga del trabajo

I takt med att användningen av maskiner och arbetsdelningen ökar, ökar också bördan av slit

La carga del trabajo se incrementa con la prolongación de las horas de trabajo

Arbetets börda ökar genom att arbetstiden förlängs

Se espera más del obrero en el mismo tiempo que antes

Man förväntar sig mer av arbetaren på samma tid som förut

Y, por supuesto, la carga del trabajo aumenta por la velocidad de la maquinaria

Och naturligtvis ökas bördan av arbetet med maskineriets hastighet

La industria moderna ha convertido el pequeño taller del amo patriarcal en la gran fábrica del capitalista industrial

Storindustrin har förvandlat den patriarkaliske mästarens lilla verkstad till industrikapitalistens stora fabrik

Las masas de obreros, hacinados en la fábrica, están organizadas como soldados

Massor av arbetare, som trängs i fabriken, är organiserade som soldater

Como soldados rasos del ejército industrial están bajo el mando de una jerarquía perfecta de oficiales y sargentos

Som meniga i industriarmén ställs de under befäl av en perfekt hierarki av officerare och sergeanter

no sólo son esclavos de la burguesía y del Estado

De är inte bara slavar under bourgeoisin, klassen och staten

pero también son esclavizados diariamente y cada hora por la máquina

Men de är också dagligen och stundligen förslavade av maskinen

están esclavizados por el vigilante y, sobre todo, por el propio fabricante burgués

De är förslavade av åskådaren och framför allt av den enskilde bourgeoisifabrikanten själv

Cuanto más abiertamente proclama este despotismo que la ganancia es su fin y su fin, tanto más mezquino, más odioso y más amargo es

Ju mer öppet denna despotism proklamerar att vinning är dess mål och mål, desto småaktigare, desto mer hatisk och desto bittrare är den

Cuanto más se desarrolla la industria moderna, menores son las diferencias entre los sexos

Ju mer den moderna industrin utvecklas, desto mindre blir skillnaderna mellan könen

Cuanto menor es la habilidad y el ejercicio de la fuerza implícitos en el trabajo manual, tanto más el trabajo de los hombres es reemplazado por el de las mujeres

Ju mindre skicklighet och kraftansträngning som är förenad med manuellt arbete, desto mer ersätts männens arbete av kvinnornas

Las diferencias de edad y sexo ya no tienen ninguna validez social distintiva para la clase obrera

Skillnader i ålder och kön har inte längre någon distinkt social giltighet för arbetarklassen

Todos son instrumentos de trabajo, más o menos costosos de usar, según su edad y sexo

Alla är arbetsmedel, mer eller mindre dyra att använda
beroende på ålder och kön

**tan pronto como el obrero recibe su salario en efectivo, es
atacado por las otras partes de la burguesía**

Så snart arbetaren får sin lön i kontanter, blir han påsatt av de
andra delarna av bourgeoisin

el propietario, el tendero, el prestamista, etc

hyresvärden, affärsinnehavaren, pantlånaren, etc

**Los estratos más bajos de la clase media; los pequeños
comerciantes y tenderos**

De lägre skikten av medelklassen; De små hantverkarna och
affärsinnehavarna

**los comerciantes jubilados en general, y los artesanos y
campesinos**

de pensionerade köpmännen i allmänhet, och hantverkarna
och bönderna

todo esto se hunde poco a poco en el proletariado

allt detta sjunker så småningom ner i proletariatet

**en parte porque su minúsculo capital no basta para la escala
en que se desarrolla la industria moderna**

Delvis därför att deras lilla kapital inte räcker till för den skala,
i vilken storindustrin bedrivs

**y porque está inundada en la competencia con los grandes
capitalistas**

Och därför att den är översvämmad i konkurrensen med de
stora kapitalisterna

**en parte porque sus habilidades especializadas se vuelven
inútiles por los nuevos métodos de producción**

Delvis därför att deras specialskicklighet blir värdelös genom
de nya produktionsmetoderna

**De este modo, el proletariado es reclutado entre todas las
clases de la población**

På så sätt rekryteras proletariatet från alla klasser av
befolkningen

El proletariado pasa por varias etapas de desarrollo

Proletariatet genomgår olika utvecklingsstadier

Con su nacimiento comienza su lucha con la burguesía
Med sin födelse börjar dess kamp mot bourgeoisin
Al principio, la contienda es llevada a cabo por trabajadores
individuales
Till en början förs kampen av enskilda arbetare
Entonces el concurso es llevado a cabo por los obreros de
una fábrica
Sedan förs kampen av arbetarna på en fabrik
Entonces la contienda es llevada a cabo por los operarios de
un oficio, en una localidad
Då förs kampen av arbetarna i en bransch, på en ort
y la contienda es entonces contra la burguesía individual
que los explota directamente
Kampen står då mot den enskilda bourgeoisin, som direkt
exploaterar dem
No dirigen sus ataques contra las condiciones de producción
de la burguesía
De riktar inte sina angrepp mot bourgeoisins
produktionsförhållanden
pero dirigen su ataque contra los propios instrumentos de
producción
Men de riktar sitt angrepp mot själva
produktionsinstrumenten
destruyen mercancías importadas que compiten con su mano
de obra
De förstör importerade varor som konkurrerar med deras
arbetskraft
Hacen pedazos la maquinaria y prenden fuego a las fábricas
De slår sönder maskiner och sätter fabriker i brand
tratan de restaurar por la fuerza el estado desaparecido del
obrero de la Edad Media
De söker med våld återupprätta den förlorade ställningen för
medeltidens arbetare
En esta etapa, los obreros forman todavía una masa
incoherente dispersa por todo el país

På detta stadium bildar arbetarna ännu en osammanhängande massa, utspridd över hela landet

y se rompen por su mutua competencia

och de bryts upp av sin ömsesidiga konkurrens

Si en alguna parte se unen para formar cuerpos más compactos, esto no es todavía la consecuencia de su propia unión activa

Om de någonstans förenar sig för att bilda mer kompakta kroppar, så är detta ännu inte en konsekvens av deras egen aktiva förening

pero es una consecuencia de la unión de la burguesía, para alcanzar sus propios fines políticos

men den är en följd av bourgeoisins förening för att uppnå sina egna politiska mål

la burguesía se ve obligada a poner en movimiento a todo el proletariado

Bourgeoisin är tvungen att sätta hela proletariatet i rörelse

y además, por un momento, la burguesía es capaz de hacerlo

och dessutom är bourgeoisin för närvarande i stånd att göra det

Por lo tanto, en esta etapa, los proletarios no luchan contra sus enemigos

På detta stadium bekämpar alltså proletärerna inte sina fiender

sino que están luchando contra los enemigos de sus enemigos

Men i stället bekämpar de sina fienders fiender

la lucha contra los restos de la monarquía absoluta y los terratenientes

Kampen mot resterna av den absoluta monarkin och godsägarna

luchan contra la burguesía no industrial; la pequeña burguesía

de bekämpar den icke-industriella bourgeoisin; småbourgeoisin

De este modo, todo el movimiento histórico se concentra en manos de la burguesía
På så sätt är hela den historiska rörelsen koncentrerad i bourgeoisins händer
cada victoria así obtenida es una victoria para la burguesía
Varje seger som vunnits på detta sätt är en seger för bourgeoisin
Pero con el desarrollo de la industria, el proletariado no sólo aumenta en número
Men i och med industrins utveckling växer inte bara proletariatet i antal
el proletariado se concentra en grandes masas y su fuerza crece
Proletariatet koncentreras till större massor och dess styrka växer
y el proletariado siente cada vez más esa fuerza
Och proletariatet känner denna styrka mer och mer
Los diversos intereses y condiciones de vida en las filas del proletariado se igualan cada vez más
De olika intressena och levnadsförhållandena inom proletariatets led blir mer och mer utjämnade
se vuelven más proporcionales a medida que la maquinaria borra todas las distinciones de trabajo
De blir mer i proportion till att maskineriet utplånar alla skillnader i arbetet
y la maquinaria reduce los salarios al mismo nivel bajo en casi todas partes
Och maskinerna sänker nästan överallt lönerna till samma låga nivå
La creciente competencia entre la burguesía, y las crisis comerciales resultantes, hacen que los salarios de los obreros sean cada vez más fluctuantes
Den växande konkurrensen inom bourgeoisin och de därav följande handelskriserna gör att arbetarnas löner blir allt mer fluktuerande

La mejora incesante de la maquinaria, que se desarrolla cada vez más rápidamente, hace que sus medios de vida sean cada vez más precarios
Den oavbrutna förbättringen av maskinerna, som utvecklas allt snabbare, gör deras livsuppehälle mer och mer osäkert
los choques entre obreros individuales y burgueses individuales toman cada vez más el carácter de choques entre dos clases
Kollisionerna mellan de enskilda arbetarna och den enskilda bourgeoisin får mer och mer karaktären av kollisioner mellan två klasser
A partir de ese momento, los obreros comienzan a formar uniones (sindicatos) contra la burguesía
Därpå börjar arbetarna bilda sammanslutningar (fackföreningar) mot bourgeoisin
se agrupan para mantener el ritmo de los salarios
De går samman för att hålla uppe lönerna
Fundaron asociaciones permanentes para hacer frente de antemano a estas revueltas ocasionales
De bildade permanenta sammanslutningar för att i förväg förbereda för dessa tillfälliga revolter
Aquí y allá la contienda estalla en disturbios
Här och där bryter striden ut i kravaller
De vez en cuando los obreros salen victoriosos, pero sólo por un tiempo
Då och då segrar arbetarna, men bara för en tid
El verdadero fruto de sus batallas no reside en el resultado inmediato, sino en la unión cada vez mayor de los trabajadores
Den verkliga frukten av deras kamp ligger inte i det omedelbara resultatet, utan i den ständigt expanderande föreningen mellan arbetarna
Esta unión se ve favorecida por la mejora de los medios de comunicación creados por la industria moderna

Denna union får hjälp av de förbättrade
kommunikationsmedel som den moderna industrin har
skapat

**La comunicación moderna pone en contacto a los
trabajadores de diferentes localidades**
Modern kommunikation sätter arbetare på olika orter i
kontakt med varandra

**Era precisamente este contacto el que se necesitaba para
centralizar las numerosas luchas locales en una lucha
nacional entre clases**
Det var just denna kontakt som behövdes för att centralisera
de talrika lokala kamperna till en nationell kamp mellan
klasserna

**Todas estas luchas tienen el mismo carácter, y toda lucha de
clases es una lucha política**
Alla dessa kamper är av samma karaktär, och varje klasskamp
är en politisk kamp

**los burgueses de la Edad Media, con sus miserables
carreteras, necesitaron siglos para formar sus uniones**
Medeltidens borgare, med sina eländiga landsvägar, behövde
århundraden för att bilda sina förbund

**Los proletarios modernos, gracias a los ferrocarriles, logran
sus sindicatos en pocos años**
De moderna proletärerna uppnår tack vare järnvägarna sina
fackföreningar inom några få år

**Esta organización de los proletarios en una clase los formó,
por consiguiente, en un partido político**
Denna organisering av proletärerna till en klass formade dem
följaktligen till ett politiskt parti

**La clase política se ve continuamente molesta por la
competencia entre los propios trabajadores**
Den politiska klassen blir ständigt upprörd på nytt genom
konkurrensen mellan arbetarna själva

**Pero la clase política sigue levantándose de nuevo, más
fuerte, más firme, más poderosa**

Men den politiska klassen fortsätter att resa sig igen, starkare,
fastare, mäktigare
**Obliga al reconocimiento legislativo de los intereses
particulares de los trabajadores**
Den tvingar fram ett rättsligt erkännande av arbetstagarnas
särskilda intressen
**lo hace aprovechándose de las divisiones en el seno de la
propia burguesía**
Den gör detta genom att utnyttja splittringen inom
bourgeoisin själv
**De este modo, el proyecto de ley de las diez horas en
Inglaterra se convirtió en ley**
På så sätt blev tiotimmarslagen i England lag
**en muchos sentidos, las colisiones entre las clases de la vieja
sociedad son, además, el curso del desarrollo del
proletariado**
På många sätt är kollisionerna mellan klasserna i det gamla
samhället dessutom proletariatets utvecklingsväg
La burguesía se ve envuelta en una batalla constante
Bourgeoisin befinner sig i en ständig kamp
**Al principio se verá envuelto en una batalla constante con la
aristocracia**
Till en början kommer den att finna sig själv inblandad i en
ständig kamp med aristokratin
**más tarde se verá envuelta en una batalla constante con esas
partes de la propia burguesía**
Senare kommer den att finna sig indragen i en ständig kamp
med dessa delar av bourgeoisin själv
**y sus intereses se habrán vuelto antagónicos al progreso de
la industria**
Och deras intressen kommer att ha blivit antagonistiska mot
industrins framsteg
**en todo momento, sus intereses se habrán vuelto
antagónicos con la burguesía de los países extranjeros**
deras intressen kommer alltid att ha blivit antagonistiska mot
bourgeoisin i främmande länder

En todas estas batallas se ve obligado a apelar al proletariado y pide su ayuda

I alla dessa strider ser den sig tvingad att vädja till proletariatet och ber om dess hjälp

y, por lo tanto, se sentirá obligado a arrastrarlo a la arena política

Och därför kommer den att känna sig tvingad att dra in den på den politiska arenan

La burguesía misma, por lo tanto, suministra al proletariado sus propios instrumentos de educación política y general

Bourgeoisin själv förser därför proletariatet med sina egna instrument för politisk och allmän skolning

en otras palabras, suministra al proletariado armas para luchar contra la burguesía

Den förser med andra ord proletariatet med vapen för att bekämpa bourgeoisin

Además, como ya hemos visto, sectores enteros de las clases dominantes se precipitan en el proletariado

Vidare, som vi redan sett, störtas hela skikt av de härskande klasserna in i proletariatet

el avance de la industria los absorbe en el proletariado

Industrins framåtskridande suger in dem i proletariatet

o, al menos, están amenazados en sus condiciones de existencia

Eller åtminstone är de hotade under sina existensförhållanden

Estos también suministran al proletariado nuevos elementos de ilustración y progreso

Dessa förser också proletariatet med nya element av upplysning och framåtskridande

Finalmente, en momentos en que la lucha de clases se acerca a la hora decisiva

Slutligen, i tider då klasskampen närmar sig den avgörande timmen

el proceso de disolución que se está llevando a cabo en el seno de la clase dominante

Upplösningsprocessen som pågår inom den härskande
klassen
**De hecho, la disolución que se está produciendo en el seno
de la clase dominante se sentirá en toda la sociedad**
Faktum är att den upplösning som pågår inom den härskande
klassen kommer att märkas i hela samhället
**Tomará un carácter tan violento y deslumbrante, que un
pequeño sector de la clase dominante se quedará a la deriva**
Den kommer att anta en så våldsam, iögonfallande karaktär
att en liten del av den härskande klassen bryter sig loss
y esa clase dominante se unirá a la clase revolucionaria
Och den härskande klassen kommer att ansluta sig till den
revolutionära klassen
**La clase revolucionaria es la clase que tiene el futuro en sus
manos**
Den revolutionära klassen är den klass som håller framtiden i
sina händer
**Al igual que en un período anterior, una parte de la nobleza
se pasó a la burguesía**
Precis som tidigare gick en del av adeln över till bourgeoisin
**de la misma manera que una parte de la burguesía se pasará
al proletariado**
på samma sätt kommer en del av bourgeoisin att gå över till
proletariatet
**en particular, una parte de la burguesía pasará a una parte de
los ideólogos de la burguesía**
I synnerhet kommer en del av bourgeoisin att gå över till en
del av bourgeoisins ideologer
**Ideólogos burgueses que se han elevado al nivel de
comprender teóricamente el movimiento histórico en su
conjunto**
Borgerliga ideologer, som höjt sig till den nivå där de
teoretiskt förstår den historiska rörelsen i dess helhet.
**De todas las clases que hoy se encuentran frente a frente con
la burguesía, sólo el proletariado es una clase realmente
revolucionaria**

Av alla de klasser, som i dag står ansikte mot ansikte med bourgeoisin, är proletariatet ensamt en verkligt revolutionär klass

Las otras clases decaen y finalmente desaparecen frente a la industria moderna

De andra klasserna förfaller och försvinner slutligen inför storindustrin

el proletariado es su producto especial y esencial

Proletariatet är dess speciella och väsentliga produkt

La clase media baja, el pequeño fabricante, el tendero, el artesano, el campesino

Den lägre medelklassen, den lilla fabrikanten, butiksägaren, hantverkaren, bonden

todos ellos luchan contra la burguesía

alla dessa strider mot bourgeoisin

Luchan como fracciones de la clase media para salvarse de la extinción

De kämpar som fraktioner av medelklassen för att rädda sig själva från utrotning

Por lo tanto, no son revolucionarios, sino conservadores

De är därför inte revolutionära, utan konservativa

Más aún, son reaccionarios, porque tratan de hacer retroceder la rueda de la historia

Än mer, de är reaktionära, ty de försöker rulla tillbaka historiens hjul

Si por casualidad son revolucionarios, lo son sólo en vista de su inminente transferencia al proletariado

Om de händelsevis är revolutionära, så är de det endast med tanke på sin förestående övergång till proletariatet

Por lo tanto, no defienden sus intereses presentes, sino sus intereses futuros

På så sätt försvarar de inte sina nuvarande utan sina framtida intressen

abandonan su propio punto de vista para situarse en el del proletariado

de överger sin egen ståndpunkt för att ställa sig på
proletariatets ståndpunkt

**La "clase peligrosa", la escoria social, esa masa pasivamente
putrefacta arrojada por las capas más bajas de la vieja
sociedad**

Den "farliga klassen", det sociala avskummet, denna passivt
ruttnande massa som kastats av det gamla samhällets lägsta
skikt

**pueden, aquí y allá, ser arrastrados al movimiento por una
revolución proletaria**

De kan här och där svepas in i rörelsen av en proletär
revolution

**Sus condiciones de vida, sin embargo, la preparan mucho
más para el papel de un instrumento sobornado de la intriga
reaccionaria**

Men dess levnadsförhållanden förbereder den i mycket högre
grad för rollen som mutat verktyg för reaktionära intriger

**En las condiciones del proletariado, los de la vieja sociedad
en general están ya virtualmente desbordados**

Under proletariatets förhållanden är det gamla samhällets
förhållanden i stort redan praktiskt taget översvämmat

El proletario carece de propiedad

Proletären är utan egendom

**su relación con su mujer y sus hijos ya no tiene nada en
común con las relaciones familiares de la burguesía**

Hans förhållande till hustru och barn har inte längre något
gemensamt med bourgeoisins familjeförhållanden

**el trabajo industrial moderno, el sometimiento moderno al
capital, lo mismo en Inglaterra que en Francia, en Estados
Unidos como en Alemania**

Det moderna industriarbetet, den moderna underkastelsen
under kapitalet, detsamma i England som i Frankrike, i
Amerika som i Tyskland

**Su condición en la sociedad lo ha despojado de todo rastro
de carácter nacional**

Hans ställning i samhället har berövat honom varje spår av
nationalkaraktär

**El derecho, la moral, la religión, son para él otros tantos
prejuicios burgueses**

Lagen, sedligheten, religionen äro för honom så många
fördomar om bourgeoisin

**y detrás de estos prejuicios acechan emboscados otros tantos
intereses burgueses**

Och bakom dessa fördomar lurar i bakhåll lika många
borgerliga intressen

**Todas las clases precedentes que se impusieron trataron de
fortalecer su estatus ya adquirido**

Alla de föregående klasserna, som fick övertaget, försökte
befästa sin redan förvärvade ställning

**Lo hicieron sometiendo a la sociedad en general a sus
condiciones de apropiación**

De gjorde detta genom att underkasta samhället i stort sina
villkor för tillägnelse

**Los proletarios no pueden llegar a ser dueños de las fuerzas
productivas de la sociedad**

Proletärerna kan inte bli herrar över samhällets
produktivkrafter

**sólo puede hacerlo aboliendo su propio modo anterior de
apropiación**

Den kan bara göra detta genom att avskaffa sitt eget tidigare
sätt att tillägna sig

**y, por lo tanto, también suprime cualquier otro modo
anterior de apropiación**

Och därmed upphäver den också varje annan hittillsvarande
tillägnelseform

No tienen nada propio que asegurar y fortificar

De har inget eget att säkra och befästa

**Su misión es destruir todos los valores y seguros anteriores
de la propiedad individual**

Deras uppdrag är att förstöra alla tidigare säkerheter för, och
försäkringar för, enskild egendom

Todos los movimientos históricos anteriores fueron movimientos de minorías
Alla tidigare historiska rörelser var förflyttningar av minoriteter
o eran movimientos en interés de las minorías
Eller så var de rörelser i minoriteters intresse
El movimiento proletario es el movimiento consciente e independiente de la inmensa mayoría
Den proletära rörelsen är den oerhörda majoritetens självmedvetna, oavhängiga rörelse
Y es un movimiento en interés de la inmensa mayoría
Och det är en rörelse i den överväldigande majoritetens intresse
El proletariado, el estrato más bajo de nuestra sociedad actual
Proletariatet, det lägsta skiktet i vårt nuvarande samhälle
no puede agitarse ni elevarse sin que todos los estratos superiores de la sociedad oficial salgan al aire
Den kan inte röra om eller höja sig själv utan att hela det officiella samhällets överliggande skikt kastas upp i luften
Aunque no en el fondo, sí en la forma, la lucha del proletariado con la burguesía es, al principio, una lucha nacional
Proletariatets kamp mot bourgeoisin är till en början en nationell kamp, även om den inte är till innehållet, men ändå inte till formen,
El proletariado de cada país debe, por supuesto, en primer lugar arreglar las cosas con su propia burguesía
Proletariatet i varje land måste naturligtvis först och främst göra upp med sin egen bourgeoisi
Al describir las fases más generales del desarrollo del proletariado, hemos trazado la guerra civil más o menos velada
När vi skildrade de mest allmänna faserna i proletariatets utveckling, spårade vi det mer eller mindre beslöjade inbördeskriget

Este civil está haciendo estragos dentro de la sociedad existente

Detta civila rasar i det existerande samhället

Se enfurecerá hasta el punto en que esa guerra estalle en una revolución abierta

Den kommer att rasa till den punkt där kriget bryter ut i en öppen revolution

y luego el derrocamiento violento de la burguesía sienta las bases para el dominio del proletariado

Och då lägger bourgeoisins våldsamma störtande grunden för proletariatets herravälde

Hasta ahora, todas las formas de sociedad se han basado, como ya hemos visto, en el antagonismo de las clases opresoras y oprimidas

Hittills har varje samhällsform grundat sig, som vi redan sett, på motsättningen mellan förtryckande och förtryckta klasser

Pero para oprimir a una clase, hay que asegurarle ciertas condiciones

Men för att förtrycka en klass måste man tillförsäkra den vissa betingelser

La clase debe ser mantenida en condiciones en las que pueda, por lo menos, continuar su existencia servil

Klassen måste hållas under sådana betingelser, att den åtminstone kan fortsätta sin slaviska existens

El siervo, en el período de la servidumbre, se elevaba a la comuna

Den livegne höjde sig under livegenskapens period till medlemskap i kommunen

del mismo modo que la pequeña burguesía, bajo el yugo del absolutismo feudal, logró convertirse en burguesía

på samma sätt som småbourgeoisin under det feodala absolutismens ok lyckades utvecklas till en bourgeoisi

El obrero moderno, por el contrario, en lugar de elevarse con el progreso de la industria, se hunde cada vez más

Den moderne arbetaren däremot sjunker allt djupare i stället för att stiga med industrins framsteg

se hunde por debajo de las condiciones de existencia de su propia clase

Han sjunker under sin egen klass' existensbetingelser

Se convierte en un indigente, y el pauperismo se desarrolla más rápidamente que la población y la riqueza

Han blir en fattiglapp, och fattigdomen utvecklas snabbare än befolkning och rikedom

Y aquí se hace evidente que la burguesía ya no es apta para ser la clase dominante de la sociedad

Och här visar det sig, att bourgeoisin inte längre är lämplig att vara den härskande klassen i samhället

y no es apta para imponer sus condiciones de existencia a la sociedad como una ley imperativa

Och den är olämplig att påtvinga samhället dess existensvillkor som en överordnad lag

Es incapaz de gobernar porque es incapaz de asegurar una existencia a su esclavo dentro de su esclavitud

Den är olämplig att härska, eftersom den är oförmögen att tillförsäkra sin slav en existens i hans slaveri

porque no puede evitar dejarlo hundirse en tal estado, que tiene que alimentarlo, en lugar de ser alimentado por él

Därför att den inte kan hjälpa att den låter honom sjunka ner i ett sådant tillstånd, att den måste mata honom, i stället för att bli matad av honom

La sociedad ya no puede vivir bajo esta burguesía

Samhället kan inte längre leva under denna bourgeoisi

En otras palabras, su existencia ya no es compatible con la sociedad

Med andra ord är dess existens inte längre förenlig med samhället

La condición esencial para la existencia y el dominio de la burguesía es la formación y el aumento del capital

Den väsentliga betingelsen för bourgeoisins existens och herravälde är kapitalets bildning och tillväxt

La condición del capital es el trabajo asalariado

Kapitalets betingelse är lönearbete

El trabajo asalariado se basa exclusivamente en la competencia entre los trabajadores
Lönearbetet vilar uteslutande på konkurrensen mellan arbetarna
El avance de la industria, cuyo promotor involuntario es la burguesía, sustituye al aislamiento de los obreros
Industrins framåtskridande, vars ofrivilliga främjare är bourgeoisin, ersätter arbetarnas isolering
por la competencia, por su combinación revolucionaria, por la asociación
på grund av konkurrensen, på grund av deras revolutionära kombination, på grund av associationen
El desarrollo de la industria moderna corta bajo sus pies los cimientos mismos sobre los cuales la burguesía produce y se apropia de los productos
Storindustrins utveckling rycker undan under dess fötter själva grundvalen, på vilken bourgeoisin producerar och tillägnar sig produkter
Lo que la burguesía produce, sobre todo, son sus propios sepultureros
Vad bourgeoisin framför allt producerar är sina egna dödgrävare
La caída de la burguesía y la victoria del proletariado son igualmente inevitables
Bourgeoisins fall och proletariatets seger är lika oundvikliga

Proletarios y comunistas
Proletärer och kommunister

¿Qué relación tienen los comunistas con el conjunto de los proletarios?

I vilket förhållande står kommunisterna till proletärerna i dess helhet?

Los comunistas no forman un partido separado opuesto a otros partidos de la clase obrera

Kommunisterna bildar inte ett särskilt parti som står i motsättning till andra arbetarpartier

No tienen intereses separados y aparte de los del proletariado en su conjunto

De har inga intressen som är skilda från proletariatet som helhet

No establecen ningún principio sectario propio, con el cual dar forma y moldear el movimiento proletario

De ställer inte upp några egna sekteristiska principer, efter vilka de kan forma och forma den proletära rörelsen

Los comunistas se distinguen de los demás partidos obreros sólo por dos cosas

Kommunisterna skiljer sig från de övriga arbetarpartierna endast genom två saker

En primer lugar, señalan y ponen en primer plano los intereses comunes de todo el proletariado, independientemente de toda nacionalidad

För det första framhäver de hela proletariatets gemensamma intressen och ställer dem i förgrunden, oberoende av varje nationalitet

Esto lo hacen en las luchas nacionales de los proletarios de los diferentes países

Detta gör de i de olika ländernas proletärers nationella kamp

En segundo lugar, siempre y en todas partes representan los intereses del movimiento en su conjunto

För det andra företräder de alltid och överallt hela rörelsens intressen

esto lo hacen en las diversas etapas de desarrollo por las que tiene que pasar la lucha de la clase obrera contra la burguesía

Detta gör de under de olika utvecklingsstadier, som arbetarklassens kamp mot bourgeoisin måste genomgå

Los comunistas son, por lo tanto, por una parte, prácticamente, el sector más avanzado y resuelto de los partidos obreros de todos los países

Kommunisterna är därför å ena sidan praktiskt taget den mest avancerade och beslutsamma delen av arbetarpartierna i varje land

Son ese sector de la clase obrera que empuja hacia adelante a todos los demás

De är den del av arbetarklassen som driver fram alla andra

Teóricamente, también tienen la ventaja de entender claramente la línea de marcha

Teoretiskt sett har de också fördelen av att tydligt förstå marschlinjen

Esto lo comprenden mejor comparado con la gran masa del proletariado

Detta förstår de bättre jämfört med den stora massan av proletariatet

Comprenden las condiciones y los resultados generales finales del movimiento proletario

De förstår den proletära rörelsens betingelser och allmänna slutresultat

El objetivo inmediato del comunista es el mismo que el de todos los demás partidos proletarios

Kommunisternas omedelbara mål är detsamma som alla andra proletära partiers

Su objetivo es la formación del proletariado en una clase

Deras mål är att forma proletariatet till en klass

su objetivo es derrocar la supremacía burguesa

de strävar efter att störta bourgeoisins överhöghet

la lucha por la conquista del poder político por el proletariado

Strävan efter proletariatets erövring av den politiska makten
Las conclusiones teóricas de los comunistas no se basan en modo alguno en ideas o principios de reformadores
Kommunisternas teoretiska slutsatser är på intet sätt grundade på reformatorernas idéer eller principer
no fueron los aspirantes a reformadores universales los que inventaron o descubrieron las conclusiones teóricas de los comunistas
Det var inte så kallade universella reformatorer som uppfann eller upptäckte kommunisternas teoretiska slutsatser
Se limitan a expresar, en términos generales, las relaciones reales que surgen de una lucha de clases existente
De uttrycker bara i allmänna ordalag de verkliga förhållanden, som uppstår ur den existerande klasskampen
Y describen el movimiento histórico que está ocurriendo ante nuestros propios ojos y que ha creado esta lucha de clases
Och de beskriver den historiska rörelse som pågår mitt framför ögonen på oss och som har skapat denna klasskamp
La abolición de las relaciones de propiedad existentes no es en absoluto un rasgo distintivo del comunismo
Avskaffandet av de existerande egendomsförhållandena är inte alls något utmärkande drag för kommunismen
Todas las relaciones de propiedad en el pasado han estado continuamente sujetas a cambios históricos
Alla egendomsförhållanden har i det förflutna ständigt varit underkastade historiska förändringar
y estos cambios fueron consecuencia del cambio en las condiciones históricas
Dessa förändringar var en följd av förändringen i de historiska förhållandena
La Revolución Francesa, por ejemplo, abolió la propiedad feudal en favor de la propiedad burguesa
Den franska revolutionen avskaffade t.ex. den feodala egendomen till förmån för bourgeoisins egendom

El rasgo distintivo del comunismo no es la abolición de la propiedad, en general
Det utmärkande draget för kommunismen är inte avskaffandet av egendomen i allmänhet
pero el rasgo distintivo del comunismo es la abolición de la propiedad burguesa
Men kommunismens utmärkande drag är avskaffandet av bourgeoisins egendom
Pero la propiedad privada de la burguesía moderna es la expresión última y más completa del sistema de producción y apropiación de productos
Men den moderna bourgeoisins privategendom är det slutliga och mest fulländade uttrycket för systemet för produktion och tillägnelse av produkter
Es el estado final de un sistema que se basa en los antagonismos de clase, donde el antagonismo de clase es la explotación de la mayoría por unos pocos
Det är sluttillståndet för ett system som är baserat på klassmotsättningar, där klassantagonismen är att de många exploateras av ett fåtal
En este sentido, la teoría de los comunistas puede resumirse en una sola frase; la abolición de la propiedad privada
I denna mening kan kommunisternas teori sammanfattas i en enda mening; Avskaffandet av den privata egendomen
A los comunistas se nos ha reprochado el deseo de abolir el derecho de adquirir personalmente la propiedad
Vi kommunister har förebråtts för att vilja avskaffa rätten att personligen förvärva egendom
Se afirma que esta propiedad es el fruto del propio trabajo de un hombre
Det påstås att denna egendom är frukten av en människas eget arbete
y se alega que esta propiedad es la base de toda libertad, actividad e independencia personal.
Och denna egendom påstås vara grunden för all personlig frihet, aktivitet och oberoende.

"¡Propiedad ganada con esfuerzo, adquirida por uno mismo, ganada por uno mismo!"

"Hårt vunnen, självförvärvad, självförtjänad egendom!"

¿Te refieres a la propiedad del pequeño artesano y del pequeño campesino?

Menar ni småhantverkarens och småbondens egendom?

¿Te refieres a una forma de propiedad que precedió a la forma burguesa?

Menar ni en egendomsform, som föregick bourgeoisins form?

No hay necesidad de abolir eso, el desarrollo de la industria ya lo ha destruido en gran medida

Det finns ingen anledning att avskaffa detta, industrins utveckling har till stor del redan förstört den

y el desarrollo de la industria sigue destruyéndola diariamente

Och industrins utveckling förstör den fortfarande dagligen

¿O te refieres a la propiedad privada de la burguesía moderna?

Eller menar ni den moderna bourgeoisins privategendom?

Pero, ¿crea el trabajo asalariado alguna propiedad para el trabajador?

Men skapar lönarbetet någon egendom för arbetaren?

¡No, el trabajo asalariado no crea ni una pizca de este tipo de propiedad!

Nej, lönearbetet skapar inte ett enda stycke av denna egendom!

Lo que sí crea el trabajo asalariado es capital; ese tipo de propiedad que explota el trabajo asalariado

Vad lönearbetet däremot skapar är kapital; den sorts egendom som exploaterar lönarbetet

El capital no puede aumentar sino a condición de engendrar una nueva oferta de trabajo asalariado para una nueva explotación

Kapitalet kan inte växa annat än under förutsättning att det frambringar ett nytt utbud av lönarbete för ny exploatering

La propiedad, en su forma actual, se basa en el antagonismo entre el capital y el trabajo asalariado
Egendomen i sin nuvarande form är grundad på motsättningen mellan kapital och lönarbete
Examinemos los dos lados de este antagonismo
Låt oss undersöka båda sidorna av denna antagonism
Ser capitalista es tener no sólo un estatus puramente personal
Att vara kapitalist är inte bara att ha en rent personlig status
En cambio, ser capitalista es también tener un estatus social en la producción
Att vara kapitalist är istället att också ha en social status i produktionen
porque el capital es un producto colectivo; Sólo mediante la acción unida de muchos miembros puede ponerse en marcha
därför att kapitalet är en kollektiv produkt; Endast genom en enad aktion av många medlemmar kan den sättas i rörelse
Pero esta acción unida es el último recurso, y en realidad requiere de todos los miembros de la sociedad
Men denna enade aktion är en sista utväg och kräver i själva verket alla samhällsmedlemmar
El capital se convierte en propiedad de todos los miembros de la sociedad
Kapitalet förvandlas till alla samhällsmedlemmars egendom
pero el Capital no es, por lo tanto, un poder personal; Es un poder social
men Kapitalet är därför inte en personlig makt; Det är en social makt
Así, cuando el capital se convierte en propiedad social, la propiedad personal no se transforma en propiedad social
När alltså kapitalet förvandlas till samhällelig egendom, förvandlas därmed inte den personliga egendomen till samhällelig egendom
Lo único que cambia es el carácter social de la propiedad y pierde su carácter de clase

Det är endast egendomens samhälleliga karaktär som
förändras och förlorar sin klasskaraktär
Veamos ahora el trabajo asalariado
Låt oss nu se på lönearbetet
**El precio medio del trabajo asalariado es el salario mínimo,
es decir, la cantidad de medios de subsistencia**
Lönarbetets genomsnittspris är minimilönen, d.v.s. mängden
livsförnödenheter
**Este salario es absolutamente necesario en la mera existencia
de un obrero**
Denna lön är absolut nödvändig för att kunna existera som
arbetare
**Por lo tanto, lo que el asalariado se apropia por medio de su
trabajo, sólo basta para prolongar y reproducir una
existencia desnuda**
Vad lönarbetaren tillägnar sig genom sitt arbete, är alltså bara
tillräckligt för att förlänga och reproducera en ren existens
**De ninguna manera pretendemos abolir esta apropiación
personal de los productos del trabajo**
Vi har ingalunda för avsikt att avskaffa denna personliga
tillägnelse av arbetets produkter
**una apropiación que se hace para el mantenimiento y la
reproducción de la vida humana**
ett anslag som görs för underhåll och reproduktion av
mänskligt liv
**Tal apropiación personal de los productos del trabajo no
deja ningún excedente con el que ordenar el trabajo de otros**
En sådan personlig tillägnelse av arbetsprodukterna lämnar
inget överskott, varmed det kan kommendera andras arbete
**Lo único que queremos eliminar es el carácter miserable de
esta apropiación**
Det enda vi vill göra oss av med är den eländiga karaktären av
detta tillägnande
**la apropiación bajo la cual vive el obrero sólo para aumentar
el capital**

den tillägnelse, under vilken arbetaren lever blott för att öka kapitalet

Sólo se le permite vivir en la medida en que lo exija el interés de la clase dominante

Han får bara leva i den mån det ligger i den härskande klassens intresse

En la sociedad burguesa, el trabajo vivo no es más que un medio para aumentar el trabajo acumulado

I det borgerliga samhället är det levande arbetet endast ett medel att öka det ackumulerade arbetet

En la sociedad comunista, el trabajo acumulado no es más que un medio para ampliar, para enriquecer y para promover la existencia del obrero

I det kommunistiska samhället är det ackumulerade arbetet endast ett medel att utvidga, berika och befordra arbetarens existens

En la sociedad burguesa, por lo tanto, el pasado domina al presente

I det borgerliga samhället behärskar därför det förflutna det närvarande

en la sociedad comunista el presente domina al pasado

I det kommunistiska samhället dominerar nuet över det förflutna

En la sociedad burguesa el capital es independiente y tiene individualidad

I bourgeoisin är kapitalet oavhängigt och har individualitet

En la sociedad burguesa la persona viva es dependiente y no tiene individualidad

I det borgerliga samhället är den levande människan avhängig och har ingen individualitet

¡Y la abolición de este estado de cosas es llamada por la burguesía, abolición de la individualidad y de la libertad!

Och avskaffandet av detta sakernas tillstånd kallas av bourgeoisin för avskaffande av individualiteten och friheten!

¡Y con razón se llama la abolición de la individualidad y de la libertad!

Och det kallas med rätta avskaffandet av individualitet och frihet!

El comunismo aspira a la abolición de la individualidad burguesa
Kommunismen strävar efter att avskaffa bourgeoisins individualitet

El comunismo pretende la abolición de la independencia burguesa
Kommunismen strävar efter att avskaffa bourgeoisins självständighet

La libertad burguesa es, sin duda, a lo que aspira el comunismo
Bourgeoisins frihet är otvivelaktigt vad kommunismen strävar efter

en las actuales condiciones de producción de la burguesía, la libertad significa libre comercio, libre venta y compra
Under de nuvarande produktionsförhållandena betyder frihet fri handel, fri försäljning och fritt köp

Pero si desaparece la venta y la compra, también desaparece la libre venta y la compra
Men om säljandet och köpandet försvinner, försvinner också det fria säljandet och köpandet

Las "palabras valientes" de la burguesía sobre la libre venta y compra sólo tienen sentido en un sentido limitado
Bourgeoisins "modiga ord" om fri försäljning och köp har bara betydelse i begränsad bemärkelse

Estas palabras tienen significado solo en contraste con la venta y la compra restringidas
Dessa ord har betydelse endast i motsats till begränsad försäljning och köp

y estas palabras sólo tienen sentido cuando se aplican a los comerciantes encadenados de la Edad Media
Dessa ord har betydelse endast när de tillämpas på medeltidens fjättrade köpmän

y eso supone que estas palabras incluso tienen un significado en un sentido burgués

och detta förutsätter att dessa ord till och med har betydelse i
borgerlig mening
**pero estas palabras no tienen ningún significado cuando se
usan para oponerse a la abolición comunista de la compra y
venta**
Men dessa ord har ingen betydelse när de används för att
motsätta sig det kommunistiska avskaffandet av köp och
försäljning
**las palabras no tienen sentido cuando se usan para oponerse
a la abolición de las condiciones de producción de la
burguesía**
Orden har ingen betydelse när de används för att motsätta sig
att bourgeoisins produktionsvillkor avskaffas
**y no tienen ningún sentido cuando se utilizan para oponerse
a la abolición de la propia burguesía**
och de har ingen mening när de används för att motsätta sig
att bourgeoisin själv avskaffas
**Ustedes están horrorizados de nuestra intención de acabar
con la propiedad privada**
Ni är förfärade över att vi har för avsikt att göra oss av med
den privata egendomen
**Pero en la sociedad actual, la propiedad privada ya ha sido
eliminada para las nueve décimas partes de la población**
Men i ert nuvarande samhälle är privategendomen redan
avskaffad för nio tiondelar av befolkningen
**La existencia de la propiedad privada para unos pocos se
debe únicamente a su inexistencia en manos de las nueve
décimas partes de la población**
Existensen av privat egendom för ett fåtal beror enbart på att
den inte existerar i händerna på nio tiondelar av befolkningen
**Por lo tanto, nos reprochas que pretendamos acabar con una
forma de propiedad**
Ni förebrår oss därför för att vilja avskaffa en form av
egendom
**Pero la propiedad privada requiere la inexistencia de
propiedad alguna para la inmensa mayoría de la sociedad**

Men privategendomen nödvändiggör att det för den
överväldigande majoriteten i samhället inte finns någon som
helst egendom

**En una palabra, nos reprochas que pretendamos acabar con
tu propiedad**

Med ett ord: Ni förebrår oss för att vilja göra oss av med er
egendom

**Y es precisamente así; prescindir de su propiedad es justo lo
que pretendemos**

Och det är precis så; Att göra sig av med din egendom är
precis vad vi avser

**Desde el momento en que el trabajo ya no puede convertirse
en capital, dinero o renta**

Från det ögonblick, då arbetet inte längre kan förvandlas till
kapital, pengar eller jordränta

**cuando el trabajo ya no puede convertirse en un poder social
capaz de ser monopolizado**

när arbetet inte längre kan förvandlas till en samhällelig makt
som kan monopoliseras

**desde el momento en que la propiedad individual ya no
puede transformarse en propiedad burguesa**

från det ögonblick, då den enskilda egendomen inte längre
kan förvandlas till bourgeoisins egendom

**desde el momento en que la propiedad individual ya no
puede transformarse en capital**

från det ögonblick, då den individuella egendomen inte längre
kan förvandlas till kapital

**A partir de ese momento, dices que la individualidad se
desvanece**

Från det ögonblicket säger du att individualiteten försvinner

**Debéis confesar, pues, que por "individuo" no os referimos a
otra persona que a la burguesía**

Ni måste därför erkänna, att ni med "individ" inte menar
någon annan än bourgeoisin

**Debes confesar que se refiere específicamente al propietario
de una propiedad de clase media**

Du måste erkänna att det specifikt hänvisar till medelklassens ägare av egendom

Esta persona debe, en verdad, ser barrida del camino, y hecha imposible

Denna person måste sannerligen sopas ur vägen och göras omöjlig

El comunismo no priva a ningún hombre del poder de apropiarse de los productos de la sociedad

Kommunismen berövar ingen människa förmågan att tillägna sig samhällets produkter

todo lo que hace el comunismo es privarlo del poder de subyugar el trabajo de otros por medio de tal apropiación

Det enda kommunismen gör är att beröva honom förmågan att underkuva andras arbete genom sådan tillägnelse

Se ha objetado que, tras la abolición de la propiedad privada, cesará todo trabajo

Man har invänt, att om privategendomen avskaffas kommer allt arbete att upphöra

y entonces se sugiere que la pereza universal se apoderará de nosotros

Och det antyds då att den universella lättjan kommer att ta överhanden

De acuerdo con esto, la sociedad burguesa debería haber ido hace mucho tiempo a los perros por pura ociosidad

Enligt detta borde det borgerliga samhället för länge sedan ha gått under av ren lättja

porque los de sus miembros que trabajan, no adquieren nada

ty de av dess medlemmar som arbetar, förvärvar ingenting

y los de sus miembros que adquieren algo, no trabajan

och de av dess medlemmar som förvärvar något, arbetar inte

Toda esta objeción no es más que otra expresión de la tautología

Hela denna invändning är bara ett annat uttryck för tautologin

Ya no puede haber trabajo asalariado cuando ya no hay capital

Det kan inte längre finnas något lönarbete, när det inte längre
finns något kapital
**No hay diferencia entre los productos materiales y los
productos mentales**
Det är ingen skillnad mellan materiella produkter och mentala
produkter
**El comunismo propone que ambos se producen de la misma
manera**
Kommunismen föreslår att båda dessa produceras på samma
sätt
**pero las objeciones contra los modos comunistas de
producirlos son las mismas**
Men invändningarna mot de kommunistiska
produktionssätten är desamma
**para la burguesía, la desaparición de la propiedad de clase es
la desaparición de la producción misma**
För bourgeoisin är klassegendomens försvinnande detsamma
som själva produktionens försvinnande
**De modo que la desaparición de la cultura de clase es para él
idéntica a la desaparición de toda cultura**
Klasskulturens försvinnande är alltså för honom detsamma
som all kulturs försvinnande
**Esa cultura, cuya pérdida lamenta, es para la inmensa
mayoría un mero entrenamiento para actuar como una
máquina**
Denna kultur, vars förlust han beklagar, är för det
överväldigande flertalet bara en träning i att agera som en
maskin
**Los comunistas tienen la firme intención de abolir la cultura
de la propiedad burguesa**
Kommunisterna har i hög grad för avsikt att avskaffa den
borgerliga egendomens kultur
**Pero no discutan con nosotros mientras apliquen el estándar
de sus nociones burguesas de libertad, cultura, ley, etc**
Men gräla inte med oss, så länge ni tillämpar måttstocken för
er bourgeoisi, föreställningar om frihet, kultur, lag o.s.v

Vuestras mismas ideas no son más que el resultado de las condiciones de la producción burguesa y de la propiedad burguesa

Själva era idéer är bara en följd av betingelserna för er bourgeoisiproduktion och bourgeoisiegendom

del mismo modo que vuestra jurisprudencia no es más que la voluntad de vuestra clase convertida en ley para todos

På samma sätt som er rättsvetenskap endast är er klass' vilja gjord till en lag för alla

El carácter esencial y la dirección de esta voluntad están determinados por las condiciones económicas que crea su clase social

Den väsentliga karaktären och inriktningen av denna vilja bestäms av de ekonomiska betingelser som er samhällsklass skapar

El concepto erróneo egoísta que te induce a transformar las formas sociales en leyes eternas de la naturaleza y de la razón

Den själviska missuppfattning som förmår dig att förvandla sociala former till eviga natur- och förnuftslagar

las formas sociales que brotan de vuestro actual modo de producción y de vuestra forma de propiedad

de samhälleliga former, som framspringer ur ert nuvarande produktionssätt och egendomsform

relaciones históricas que surgen y desaparecen en el progreso de la producción

Historiska förhållanden, som uppstår och försvinner under produktionens gång

Este concepto erróneo lo compartes con todas las clases dominantes que te han precedido

Denna missuppfattning delar ni med varje härskande klass som har föregått er

Lo que se ve claramente en el caso de la propiedad antigua, lo que se admite en el caso de la propiedad feudal

Vad ni ser klart i fråga om den antika egendomen, vad ni erkänner i fråga om den feodala egendomen

estas cosas, por supuesto, le está prohibido admitir en el caso
de su propia forma burguesa de propiedad
Detta är ni naturligtvis förbjudna att erkänna i fråga om er
egen bourgeoisi, som egendomsform
¡Abolición de la familia! Hasta los más radicales estallan
ante esta infame propuesta de los comunistas
Avskaffande av familjen! Till och med de mest radikala blir
upprörda över detta skändliga förslag från kommunisterna
¿Sobre qué base se asienta la familia actual, la familia
Bourgeoisie?
På vilken grundval vilar den nuvarande familjen,
bourgeoisifamiljen?
La base de la familia actual se basa en el capital y la
ganancia privada
Grunden för den nuvarande familjen bygger på kapital och
privat vinning
En su forma completamente desarrollada, esta familia sólo
existe entre la burguesía
I sin fullt utvecklade form existerar denna familj endast inom
bourgeoisin
Este estado de cosas encuentra su complemento en la
ausencia práctica de la familia entre los proletarios
Detta sakernas tillstånd finner sin motsvarighet i den
praktiska frånvaron av familjen bland proletärerna
Este estado de cosas se puede encontrar en la prostitución
pública
Detta sakernas tillstånd återfinns i den offentliga
prostitutionen
La familia Bourgeoisie se desvanecerá como algo natural
cuando su complemento se desvanezca
Bourgeoisifamiljen kommer att försvinna som en självklarhet,
när dess komplement försvinner
y ambos se desvanecerán con la desaparición del capital
Och båda dessa kommer att försvinna med kapitalets
försvinnande

¿Nos acusan de querer detener la explotación de los niños por parte de sus padres?

Anklagar ni oss för att vilja stoppa föräldrarnas utnyttjande av barn?

De este crimen nos declaramos culpables

Vi erkänner oss skyldiga till detta brott

Pero, dirás, destruimos la más sagrada de las relaciones, cuando reemplazamos la educación en el hogar por la educación social

Men, kommer ni att säga, vi förstör de heligaste av relationer, när vi ersätter hemuppfostran med social uppfostran

¿No es también social su educación? ¿Y no está determinado por las condiciones sociales en las que se educa?

Är inte din utbildning också social? Och bestäms den inte av de sociala förhållanden under vilka ni utbildar er?

por la intervención, directa o indirecta, de la sociedad, por medio de las escuelas, etc.

genom direkt eller indirekt ingripande av samhället, genom skolor o.s.v.

Los comunistas no han inventado la intervención de la sociedad en la educación

Kommunisterna har inte uppfunnit samhällets inblandning i uppfostran

lo único que pretenden es alterar el carácter de esa intervención

De syftar endast till att ändra karaktären på detta ingripande

y buscan rescatar la educación de la influencia de la clase dominante

Och de försöker rädda utbildningen från den härskande klassens inflytande

La burguesía habla de la sagrada correlación entre padres e hijos

Bourgeoisin talar om det helgade förhållandet mellan förälder och barn

pero esta trampa sobre la familia y la educación se vuelve aún más repugnante cuando miramos a la industria moderna

Men detta klyschor om familjen och uppfostran blir ännu mer
motbjudande när vi ser på den moderna industrin
**Todos los lazos familiares entre los proletarios son
desgarrados por la industria moderna**
Alla familjeband bland proletärerna slits sönder av
storindustrin
**Sus hijos se transforman en simples artículos de comercio e
instrumentos de trabajo**
Deras barn förvandlas till enkla handelsvaror och arbetsmedel
**Pero vosotros, los comunistas, creáis una comunidad de
mujeres, grita a coro toda la burguesía**
Men ni kommunister skulle skapa en gemenskap av kvinnor,
skriker hela bourgeoisin i kör
**La burguesía ve en su mujer un mero instrumento de
producción**
Bourgeoisin ser i hans hustru blott och bart ett
produktionsinstrument
**Oye que los instrumentos de producción deben ser
explotados por todos**
Han hör att produktionsinstrumenten skall exploateras av alla
**Y, naturalmente, no puede llegar a otra conclusión que la de
que la suerte de ser común a todos recaerá igualmente en las
mujeres**
Och naturligtvis kan han inte komma till någon annan slutsats
än att lotten att vara gemensam för alla också kommer att falla
på kvinnorna
**Ni siquiera sospecha que el verdadero objetivo es acabar con
la condición de la mujer como meros instrumentos de
producción**
Han har inte ens en aning om att det i själva verket handlar
om att avskaffa kvinnans ställning som blott och bart
produktionsinstrument
**Por lo demás, nada es más ridículo que la virtuosa
indignación de nuestra burguesía contra la comunidad de
mujeres**

För övrigt finns det ingenting löjligare än vår bourgeoisis
dygdiga indignation över kvinnornas gemenskap

**pretenden que sea abierta y oficialmente establecida por los
comunistas**

de låtsas att den är öppet och officiellt upprättad av
kommunisterna

**Los comunistas no tienen necesidad de introducir la
comunidad de mujeres, ha existido casi desde tiempos
inmemoriales**

Kommunisterna har inget behov av att införa en
kvinnogemenskap, den har funnits nästan sedan urminnes
tider

**Nuestra burguesía no se contenta con tener a su disposición
a las mujeres e hijas de sus proletarios**

Vår bourgeoisi nöjer sig inte med att ha sina proletärers
hustrur och döttrar till sitt förfogande

Tienen el mayor placer en seducir a las esposas de los demás

De finner det största nöje i att förföra varandras fruar

Y eso sin hablar de las prostitutas comunes

Och då har vi inte ens nämnt vanliga prostituerade

**El matrimonio burgués es en realidad un sistema de esposas
en común**

Bourgeoisins äktenskap är i själva verket ett system av
gemensamma hustrur

**entonces hay una cosa que se podría reprochar a los
comunistas**

så finns det en sak som kommunisterna möjligen skulle kunna
förebrås för

**Desean introducir una comunidad de mujeres abiertamente
legalizada**

De vill införa en öppet legaliserad gemenskap av kvinnor

**en lugar de una comunidad de mujeres hipócritamente
oculta**

snarare än en hycklande dold gemenskap av kvinnor

**la comunidad de mujeres que surgen del sistema de
producción**

Kvinnornas gemenskap som växer fram ur
produktionssystemet
**abolid el sistema de producción y abolid la comunidad de
mujeres**
Avskaffa produktionssystemet, och ni avskaffar kvinnornas
gemenskap
Se suprime la prostitución pública y la prostitución privada
både den offentliga prostitutionen avskaffas och den privata
prostitutionen
**A los comunistas se les reprocha, además, que desean abolir
los países y las nacionalidades**
Kommunisterna förebrås dessutom mer för att vilja avskaffa
länder och nationaliteter
**Los trabajadores no tienen patria, así que no podemos
quitarles lo que no tienen**
De arbetande har inget land, så vi kan inte ta ifrån dem vad de
inte har
**El proletariado debe, ante todo, adquirir la supremacía
política**
Proletariatet måste först och främst erövra det politiska
herraväldet
**El proletariado debe elevarse para ser la clase dirigente de la
nación**
Proletariatet måste resa sig till att bli den ledande klassen i
nationen
El proletariado debe constituirse en la nación
Proletariatet måste konstituera sig som nation
**es, hasta ahora, nacional, aunque no en el sentido burgués
de la palabra**
Den är än så länge själv nationell, om än inte i bourgeoisins
betydelse
**Las diferencias nacionales y los antagonismos entre los
pueblos desaparecen cada día más**
Nationella skillnader och motsättningar mellan folken
försvinner mer och mer för varje dag

debido al desarrollo de la burguesía, a la libertad de comercio, al mercado mundial

på grund av bourgeoisins utveckling, på grund av handelns frihet, på världsmarknaden

a la uniformidad en el modo de producción y en las condiciones de vida correspondientes

till likformighet i produktionssättet och de levnadsbetingelser som motsvarar detta

La supremacía del proletariado hará que desaparezcan aún más rápidamente

Proletariatets överhöghet kommer att få dem att försvinna ännu snabbare

La acción unida, al menos de los principales países civilizados, es una de las primeras condiciones para la emancipación del proletariado

Enad aktion, åtminstone av de ledande civiliserade länderna, är en av de första betingelserna för proletariatets frigörelse

En la medida en que se ponga fin a la explotación de un individuo por otro, también se pondrá fin a la explotación de una nación por otra.

I samma mån som det blir ett slut på den ena individens utsugning av en annan, så kommer också den ena nationens utsugning av den andra att upphöra

A medida que desaparezca el antagonismo entre las clases dentro de la nación, la hostilidad de una nación hacia otra llegará a su fin

I samma mån som motsättningen mellan klasserna inom nationen försvinner, kommer den ena nationens fiendskap mot den andra att upphöra

Las acusaciones contra el comunismo hechas desde un punto de vista religioso, filosófico y, en general, ideológico, no merecen un examen serio

De anklagelser mot kommunismen som riktas från religiös, filosofisk och allmän synpunkt från ideologisk ståndpunkt förtjänar inte att undersökas på allvar

¿Se requiere una intuición profunda para comprender que las ideas, puntos de vista y concepciones del hombre cambian con cada cambio en las condiciones de su existencia material?

Krävs det en djup intuition för att förstå att människans idéer, åsikter och föreställningar förändras med varje förändring i villkoren för hennes materiella existens?

¿No es obvio que la conciencia del hombre cambia cuando cambian sus relaciones sociales y su vida social?

Är det inte uppenbart, att människans medvetande förändras, när hennes sociala förhållanden och hennes sociala liv förändras?

¿Qué otra cosa prueba la historia de las ideas sino que la producción intelectual cambia de carácter a medida que cambia la producción material?

Vad bevisar idéhistorien annat än att den andliga produktionen ändrar karaktär i samma mån som den materiella produktionen förändras?

Las ideas dominantes de cada época han sido siempre las ideas de su clase dominante

De härskande idéerna i varje tidsålder har alltid varit den härskande klassens idéer

Cuando se habla de ideas que revolucionan la sociedad, no hace más que expresar un hecho

När människor talar om idéer som revolutionerar samhället, uttrycker de bara ett faktum

Dentro de la vieja sociedad, se han creado los elementos de una nueva

Inom det gamla samhället har elementen till ett nytt skapats

y que la disolución de las viejas ideas sigue el mismo ritmo que la disolución de las viejas condiciones de existencia

Och att upplösningen av de gamla idéerna håller jämna steg med upplösningen av de gamla existensförhållandena

Cuando el mundo antiguo estaba en sus últimos estertores, las religiones antiguas fueron vencidas por el cristianismo

När den antika världen befann sig i sina sista våndor, besegrades de gamla religionerna av kristendomen

Cuando las ideas cristianas sucumbieron en el siglo XVIII a las ideas racionalistas, la sociedad feudal libró su batalla a muerte contra la burguesía revolucionaria de entonces

När de kristna idéerna på 1700-talet dukade under för rationalistiska idéer, utkämpade det feodala samhället sin dödskamp mot den då revolutionära bourgeoisin

Las ideas de la libertad religiosa y de la libertad de conciencia no hacían más que expresar el dominio de la libre competencia en el dominio del conocimiento

Idéerna om religionsfrihet och samvetsfrihet gav endast uttryck för den fria konkurrensens herravälde på kunskapens område

"Indudablemente", se dirá, "las ideas religiosas, morales, filosóficas y jurídicas se han modificado en el curso del desarrollo histórico"

"Otvivelaktigt", kommer det att sägas, "har religiösa, moraliska, filosofiska och juridiska idéer modifierats under den historiska utvecklingens gång"

"Pero la religión, la filosofía de la moral, la ciencia política y el derecho, sobrevivieron constantemente a este cambio"

"Men religionen, moralfilosofin, statsvetenskapen och juridiken har ständigt överlevt denna förändring."

"También hay verdades eternas, como la Libertad, la Justicia, etc."

"Det finns också eviga sanningar, såsom Frihet, Rättvisa, etc."

"Estas verdades eternas son comunes a todos los estados de la sociedad"

"Dessa eviga sanningar är gemensamma för alla samhällstillstånd"

"Pero el comunismo suprime las verdades eternas, suprime toda religión y toda moral"

"Men kommunismen upphäver de eviga sanningarna, den upphäver all religion och all moral."

"Lo hace en lugar de constituirlos sobre una nueva base"

"Den gör detta i stället för att konstituera dem på en ny grundval"

"Por lo tanto, actúa en contradicción con toda la experiencia histórica pasada"

"Den handlar därför i motsättning till all tidigare historisk erfarenhet"

¿A qué se reduce esta acusación?

Vad reduceras denna anklagelse till?

La historia de toda la sociedad pasada ha consistido en el desarrollo de antagonismos de clase

Hela det hittillsvarande samhällets historia har bestått i utvecklandet av klassmotsättningar

antagonismos que asumieron diferentes formas en diferentes épocas

motsättningar, som antog olika former under olika epoker

Pero cualquiera que sea la forma que hayan tomado, un hecho es común a todas las épocas pasadas

Men vilken form de än må ha tagit, är ett faktum gemensamt för alla gångna tidsåldrar

la explotación de una parte de la sociedad por la otra

den ena delen av samhället exploaterades av den andra

No es de extrañar, pues, que la conciencia social de épocas pasadas se mueva dentro de ciertas formas comunes o ideas generales

Det är alltså inte att undra på, att gångna tiders sociala medvetande rör sig inom vissa gemensamma former eller allmänna idéer

(y eso a pesar de toda la multiplicidad y variedad que muestra)

(och det är trots all den mångfald och variation som den visar)

y éstos no pueden desaparecer por completo sino con la desaparición total de los antagonismos de clase

Och dessa kan inte försvinna helt och hållet utan att klassmotsättningarna helt och hållet försvinner

La revolución comunista es la ruptura más radical con las relaciones tradicionales de propiedad

Den kommunistiska revolutionen är den mest radikala
brytningen med de traditionella egendomsförhållandena
**No es de extrañar que su desarrollo implique la ruptura más
radical con las ideas tradicionales**
Det är inte att undra på att dess utveckling innebär den mest
radikala brytning med de traditionella idéerna
**Pero dejemos de lado las objeciones de la burguesía al
comunismo**
Men låt oss sluta med bourgeoisins invändningar mot
kommunismen
**Hemos visto más arriba el primer paso de la revolución de la
clase obrera**
Vi har ovan sett arbetarklassens första steg i revolutionen
**Hay que elevar al proletariado a la posición de gobernante,
para ganar la batalla de la democracia**
Proletariatet måste upphöjas till härskare för att vinna kampen
om demokratin
**El proletariado utilizará su supremacía política para
arrebatar, poco a poco, todo el capital a la burguesía**
Proletariatet kommer att använda sin politiska överhöghet till
att undan för undan rycka allt kapital från bourgeoisin
**centralizará todos los instrumentos de producción en manos
del Estado**
Den kommer att centralisera alla produktionsinstrument i
statens händer
**En otras palabras, el proletariado organizado como clase
dominante**
Med andra ord, proletariatet organiserat sig som den
härskande klassen
**y aumentará el total de las fuerzas productivas lo más
rápidamente posible**
Och den kommer att öka summan av produktivkrafterna så
snabbt som möjligt
**Por supuesto, al principio, esto no puede llevarse a cabo sino
por medio de incursiones despóticas en los derechos de
propiedad**

Till en början kan detta naturligtvis inte åstadkommas annat
än genom despotiska ingrepp i äganderätten
**y tiene que lograrse en las condiciones de la producción
burguesa**
Och det måste ske på bourgeoisins produktionsbetingelser
**Por lo tanto, se logra mediante medidas que parecen
económicamente insuficientes e insostenibles**
Det uppnås därför med hjälp av åtgärder som framstår som
ekonomiskt otillräckliga och ohållbara
**pero estos medios, en el curso del movimiento, se superan a
sí mismos**
Men dessa medel överträffar sig själva under rörelsens gång
Requieren nuevas incursiones en el viejo orden social
De nödvändiggör ytterligare ingrepp i den gamla
samhällsordningen
**y son ineludibles como medio de revolucionar por completo
el modo de producción**
Och de är oundvikliga som ett medel att fullständigt
revolutionera produktionssättet
**Por supuesto, estas medidas serán diferentes en los distintos
países**
Dessa åtgärder kommer naturligtvis att se olika ut i olika
länder
**Sin embargo, en los países más avanzados, lo siguiente será
de aplicación bastante general**
Icke desto mindre torde i de mest framskridna länderna
följande vara tämligen allmängiltigt tillämpligt
**1. Abolición de la propiedad de la tierra y aplicación de
todas las rentas de la tierra a fines públicos.**
1. Avskaffande av äganderätten till jorden och användning av
all jordränta för offentliga ändamål.
2. Un fuerte impuesto progresivo o gradual sobre la renta.
2. En tung progressiv eller progressiv inkomstskatt.
3. Abolición de todo derecho de herencia.
3. Avskaffande av all arvsrätt.

4. Confiscación de los bienes de todos los emigrantes y rebeldes.

4. Konfiskering av alla emigranters och rebellers egendom.

5. Centralización del crédito en manos del Estado, por medio de un banco nacional de capital estatal y monopolio exclusivo.

5. Centralisering av krediten i statens händer, med hjälp av en nationell bank med statligt kapital och ett exklusivt monopol.

6. Centralización de los medios de comunicación y transporte en manos del Estado.

6. Centralisering av kommunikations- och transportmedlen i statens händer.

7. Ampliación de fábricas e instrumentos de producción propiedad del Estado

7. Utvidgning av fabriker och produktionsinstrument som ägs av staten

la puesta en cultivo de tierras baldías y el mejoramiento del suelo en general de acuerdo con un plan común.

uppodling av ödemark och förbättring av jorden i allmänhet i enlighet med en gemensam plan.

8. Igual responsabilidad de todos hacia el trabajo

8. Lika ansvar för alla gentemot arbetet

Establecimiento de ejércitos industriales, especialmente para la agricultura.

Upprättande av industriella arméer, särskilt för jordbruket.

9. Combinación de la agricultura con las industrias manufactureras

9. Kombination av jordbruk och tillverkningsindustri

Abolición gradual de la distinción entre la ciudad y el campo, por una distribución más equitativa de la población en todo el país.

Gradvis avskaffande av skillnaden mellan stad och landsbygd genom en jämnare fördelning av befolkningen över landet.

10. Educación gratuita para todos los niños en las escuelas públicas.

10. Gratis utbildning för alla barn i offentliga skolor.

Abolición del trabajo infantil en las fábricas en su forma actual

Avskaffande av fabriksarbete för barn i dess nuvarande form

Combinación de la educación con la producción industrial

Kombination av utbildning med industriell produktion

Cuando, en el curso del desarrollo, las distinciones de clase han desaparecido

När klasskillnaderna under utvecklingens gång har försvunnit

y cuando toda la producción se ha concentrado en manos de una vasta asociación de toda la nación

Och när all produktion har koncentrerats i händerna på en stor sammanslutning av hela nationen

entonces el poder público perderá su carácter político

Då kommer den offentliga makten att förlora sin politiska karaktär

El poder político, propiamente dicho, no es más que el poder organizado de una clase para oprimir a otra

Den politiska makten i egentlig mening är blott en klass' organiserade makt för att förtrycka en annan

Si el proletariado, en su lucha contra la burguesía, se ve obligado, por la fuerza de las circunstancias, a organizarse como clase

Om proletariatet i sin kamp mot bourgeoisin på grund av omständigheternas makt tvingas att organisera sig som klass

si, por medio de una revolución, se convierte en la clase dominante

om den genom en revolution gör sig själv till härskande klass

y, como tal, barre por la fuerza las viejas condiciones de producción

Och som sådan sopar den med våld bort de gamla produktionsförhållandena

entonces, junto con estas condiciones, habrá barrido las condiciones para la existencia de los antagonismos de clase y de las clases en general

Då kommer den tillsammans med dessa betingelser att ha sopat bort betingelserna för förekomsten av klassmotsättningar och klasser överhuvudtaget

y con ello habrá abolido su propia supremacía como clase.

och kommer därmed att ha upphävt sin egen överhöghet som klass.

En lugar de la vieja sociedad burguesa, con sus clases y sus antagonismos de clase, tendremos una asociación

I stället för det gamla bourgeoisisamhället med dess klasser och klassmotsättningar kommer vi att få en sammanslutning

una asociación en la que el libre desarrollo de cada uno sea la condición para el libre desarrollo de todos

en sammanslutning, i vilken vars och ens fria utveckling är förutsättningen för allas fria utveckling

1) Socialismo reaccionario
1) Den reaktionära socialismen

a) Socialismo feudal
a) Den feodala socialismen

las aristocracias de Francia e Inglaterra tenían una posición histórica única
Frankrikes och Englands aristokratier hade en unik historisk ställning
se convirtió en su vocación escribir panfletos contra la sociedad burguesa moderna
Det blev deras kall att skriva pamfletter mot det moderna borgerliga samhället
En la Revolución Francesa de julio de 1830 y en la agitación reformista inglesa
I den franska julirevolutionen 1830 och i den engelska reformagitationen
Estas aristocracias sucumbieron de nuevo ante el odioso advenedizo
Dessa aristokratier dukade åter under för den förhatliga uppkomlingen
A partir de entonces, una contienda política seria quedó totalmente fuera de discusión
Från och med nu var en allvarlig politisk strid helt utesluten
Todo lo que quedaba posible era una batalla literaria, no una batalla real
Det enda som återstod var en litterär strid, inte en verklig strid
Pero incluso en el dominio de la literatura, los viejos gritos del período de la restauración se habían vuelto imposibles
Men även på litteraturens område hade restaurationstidens gamla rop blivit omöjliga
Para despertar simpatías, la aristocracia se vio obligada a perder de vista, aparentemente, sus propios intereses
För att väcka sympati var aristokratin tvungen att till synes förlora sina egna intressen ur sikte

y se vieron obligados a formular su acusación contra la burguesía en interés de la clase obrera explotada

Och de var tvungna att formulera sina anklagelser mot bourgeoisin i den exploaterade arbetarklassens intresse

Así, la aristocracia se vengó cantando sátiras a su nuevo amo

På så sätt hämnades aristokratin genom att sjunga skällsord över sin nye herre

y se vengaron susurrándole al oído siniestras profecías de catástrofe venidera

Och de hämnades genom att viska i hans öron ondskefulla profetior om en kommande katastrof

De esta manera surgió el socialismo feudal: mitad lamentación, mitad sátira

På detta sätt uppstod den feodala socialismen: till hälften klagosång, till hälften smädeskrift

Sonaba como medio eco del pasado y proyectaba mitad amenaza del futuro

Den klingade som till hälften ett eko av det förflutna och som ett halvt hot mot framtiden

a veces, con su crítica amarga, ingeniosa e incisiva, golpeó a la burguesía hasta la médula

Ibland träffade den bourgeoisin i hjärtat genom sin bittra, kvicka och skarpa kritik

pero siempre fue ridículo en su efecto, por su total incapacidad para comprender la marcha de la historia moderna

Men den var alltid löjlig i sin verkan, genom den totala oförmågan att förstå den moderna historiens gång

La aristocracia, con el fin de atraer al pueblo hacia ellos, agitaba la bolsa de limosnas proletaria delante como una bandera

För att samla folket till sig viftade aristokratin, med den proletära allmosepåsen framför sig som en fana

Pero el pueblo, tan a menudo como se unía a ellos, veía en sus cuartos traseros los antiguos escudos de armas feudales

Men folket, så ofta det slöt sig till dem, såg på sina bakdelar de
gamla feodala vapnen
y desertaron con carcajadas ruidosas e irreverentes
Och de gav sig av under högljutt och vanvördigt skratt
**Un sector de los legitimistas franceses y de la "Joven
Inglaterra" exhibió este espectáculo**
En del av de franska legitimisterna och "det unga England"
uppvisade detta skådespel
**los feudales señalaban que su modo de explotación era
diferente al de la burguesía**
feodalherrarna påpekade, att deras utsugningssätt var ett
annat än bourgeoisins
**Los feudales olvidan que explotaron en circunstancias y
condiciones muy diferentes**
Feodalismerna glömmer, att de exploaterade under helt andra
omständigheter och betingelser
**Y no se dieron cuenta de que tales métodos de explotación
ahora son anticuados**
Och de märkte inte att sådana exploateringsmetoder nu är
föråldrade
**demostraron que, bajo su gobierno, el proletariado moderno
nunca existió**
De visade, att det moderna proletariatet aldrig existerat under
deras herravälde
**pero olvidan que la burguesía moderna es el vástago
necesario de su propia forma de sociedad**
Men de glömmer, att den moderna bourgeoisin är den
nödvändiga avkomman av deras egen samhällsform
**Por lo demás, apenas ocultan el carácter reaccionario de su
crítica**
För övrigt döljer de knappast den reaktionära karaktären av
sin kritik
su principal acusación contra la burguesía es la siguiente
Deras huvudbeskyllning mot bourgeoisin går ut på följande
sätt

bajo el régimen de la burguesía se está desarrollando una clase social
Under bourgeoisins regim håller en samhällsklass på att utvecklas
Esta clase social está destinada a cortar de raíz el viejo orden de la sociedad
Denna samhällsklass är förutbestämd att hugga upp den gamla samhällsordningen med rötter och grenar
Lo que reprochan a la burguesía no es tanto que cree un proletariado
Vad de förebrår bourgeoisin är inte så mycket att det skapar ett proletariat
lo que reprochan a la burguesía es más bien que crea un proletariado revolucionario
vad de förebrår bourgeoisin med är snarare att den skapar ett revolutionärt proletariat
En la práctica política, por lo tanto, se unen a todas las medidas coercitivas contra la clase obrera
I den politiska praktiken deltar de därför i alla tvångsåtgärder mot arbetarklassen
Y en la vida ordinaria, a pesar de sus frases altisonantes, se inclinan a recoger las manzanas de oro que caen del árbol de la industria
Och i det vanliga livet böjer de sig, trots sina högtravande fraser, ner för att plocka upp de gyllene äpplen som fallit från industrins träd
y trocan la verdad, el amor y el honor por el comercio de lana, azúcar de remolacha y aguardiente de patata
Och de byter sanning, kärlek och ära mot handel med ull, rödbetssocker och potatisbrännvin
Así como el párroco ha ido siempre de la mano con el terrateniente, así también lo ha hecho el socialismo clerical con el socialismo feudal
Liksom prästen alltid har gått hand i hand med godsägaren, så har den klerikala socialismen gått hand i hand med den feodala socialismen

Nada es más fácil que dar al ascetismo cristiano un tinte socialista
Ingenting är lättare än att ge den kristna asketismen en socialistisk anstrykning
¿No ha declamado el cristianismo contra la propiedad privada, contra el matrimonio, contra el Estado?
Har inte kristendomen deklamerat mot privategendomen, mot äktenskapet, mot staten?
¿No ha predicado el cristianismo en lugar de estos, la caridad y la pobreza?
Har inte kristendomen i stället för dessa predikat kärlek och fattigdom?
¿Acaso el cristianismo no predica el celibato y la mortificación de la carne, la vida monástica y la Madre Iglesia?
Predikar inte kristendomen celibatet och köttets späkning, klosterlivet och moderkyrkan?
El socialismo cristiano no es más que el agua bendita con la que el sacerdote consagra los ardores del corazón del aristócrata
Den kristna socialismen är inget annat än det vigvatten, med vilket prästen helgar aristokratens brinnande hjärtan

b) Socialismo pequeñoburgués
b) Den småborgerliga socialismen

La aristocracia feudal no fue la única clase arruinada por la burguesía
Den feodala aristokratin var inte den enda klass som ruinerades av bourgeoisin
no fue la única clase cuyas condiciones de existencia languidecieron y perecieron en la atmósfera de la sociedad burguesa moderna
Det var inte den enda klass, vars livsbetingelser tynade bort och gick under i det moderna borgerliga samhällets atmosfär
Los burgueses medievales y los pequeños propietarios campesinos fueron los precursores de la burguesía moderna
De medeltida borgarna och de självägande småbönderna var förelöpare till den moderna bourgeoisin
En los países poco desarrollados, industrial y comercialmente, estas dos clases siguen vegetando una al lado de la otra
I de länder, som är föga utvecklade, industriellt och kommersiellt, vegeterar dessa båda klasser ännu sida vid sida
y mientras tanto la burguesía se levanta junto a ellos: industrial, comercial y políticamente
Och under tiden reser sig bourgeoisin bredvid dem: industriellt, kommersiellt och politiskt
En los países donde la civilización moderna se ha desarrollado plenamente, se ha formado una nueva clase de pequeña burguesía
I de länder, där den moderna civilisationen är fullt utvecklad, har en ny klass av småbourgeoisi bildats
esta nueva clase social fluctúa entre el proletariado y la burguesía
Denna nya samhällsklass pendlar mellan proletariat och bourgeoisi
y siempre se renueva como parte complementaria de la sociedad burguesa

Och den förnyar sig ständigt som en kompletterande del av det borgerliga samhället

Sin embargo, los miembros individuales de esta clase son constantemente arrojados al proletariado

Men de enskilda medlemmarna av denna klass slungas ständigt ner i proletariatet

son absorbidos por el proletariado a través de la acción de la competencia

De sugs upp av proletariatet genom konkurrensens verkan

A medida que la industria moderna se desarrolla, incluso ven acercarse el momento en que desaparecerán por completo como sección independiente de la sociedad moderna

I takt med att den moderna industrin utvecklas, ser de till och med det ögonblick närma sig, då den helt kommer att försvinna som en självständig del av det moderna samhället

Serán reemplazados, en las manufacturas, la agricultura y el comercio, por vigilantes, alguaciles y tenderos

De kommer att ersättas av uppsyningsmän, kronofogdar och krämare inom manufakturerna, jordbruket och handeln

En países como Francia, donde los campesinos constituyen mucho más de la mitad de la población

I länder som Frankrike, där bönderna utgör mycket mer än hälften av befolkningen

era natural que hubiera escritores que se pusieran del lado del proletariado contra la burguesía

Det var naturligt att det fanns författare som ställde sig på proletariatets sida mot bourgeoisin

en su crítica al régimen burgués utilizaron el estandarte de la pequeña burguesía campesina

I sin kritik av bourgeoisins regim använde de sig av bonde- och småbourgeoisins måttstock

Y desde el punto de vista de estas clases intermedias, toman el garrote de la clase obrera

Och från dessa mellanklassers ståndpunkt griper de upp kampen för arbetarklassen

Así surgió el socialismo pequeñoburgués, del que Sismondi era el jefe de esta escuela, no sólo en Francia, sino también en Inglaterra

På så sätt uppstod den småborgerliga socialismen, för vilken Sismondi var ledare för denna skola, inte bara i Frankrike utan också i England

Esta escuela del socialismo diseccionó con gran agudeza las contradicciones de las condiciones de producción moderna

Denna socialistiska skola dissekerade med stor skärpa motsättningarna i den moderna produktionens betingelser

Esta escuela puso al descubierto las apologías hipócritas de los economistas

Denna skola blottlade ekonomernas hycklande ursäkter

Esta escuela demostró, incontrovertiblemente, los efectos desastrosos de la maquinaria y de la división del trabajo

Denna skola bevisade obestridligen de katastrofala effekterna av maskineri och arbetsdelning

Probó la concentración del capital y de la tierra en pocas manos

Den bevisade att kapital och jord var koncentrerade till ett fåtal händer

demostró cómo la sobreproducción conduce a las crisis de la burguesía

Den bevisade hur överproduktion leder till borgerliga kriser

señalaba la ruina inevitable de la pequeña burguesía y del campesino

Den pekade på den oundvikliga ruinen för småbourgeoisin och bönderna

la miseria del proletariado, la anarquía en la producción, las desigualdades flagrantes en la distribución de la riqueza

proletariatets elände, anarkin i produktionen, den skriande ojämlikheten i fördelningen av rikedomarna

Mostró cómo el sistema de producción lidera la guerra industrial de exterminio entre naciones

Den visade, hur produktionssystemet leder det industriella utrotningskriget mellan nationerna

**la disolución de los viejos lazos morales, de las viejas
relaciones familiares, de las viejas nacionalidades**
Upplösningen av de gamla moraliska banden, av de gamla
familjeförhållandena, av de gamla nationaliteterna
**Sin embargo, en sus objetivos positivos, esta forma de
socialismo aspira a lograr una de dos cosas**
Men i sina positiva mål strävar denna form av socialism efter
att uppnå en av två saker
**o bien pretende restaurar los antiguos medios de producción
y de intercambio**
Antingen syftar den till att återupprätta de gamla
produktions- och utbytesmedlen
**y con los viejos medios de producción restauraría las viejas
relaciones de propiedad y la vieja sociedad**
Och med de gamla produktionsmedlen skulle den
återupprätta de gamla egendomsförhållandena och det gamla
samhället
**o pretende apretar los medios modernos de producción e
intercambio en el viejo marco de las relaciones de propiedad**
Eller också strävar den efter att tränga in de moderna
produktions- och utbytesmedlen i egendomsförhållandenas
gamla ram
En cualquier caso, es a la vez reaccionario y utópico
I båda fallen är den både reaktionär och utopisk
**Sus últimas palabras son: gremios corporativos para la
manufactura, relaciones patriarcales en la agricultura**
Dess sista ord lyder: korporativa gillen för manufakturen,
patriarkaliska förhållanden inom jordbruket
**En última instancia, cuando los obstinados hechos históricos
habían dispersado todos los efectos embriagadores del
autoengaño**
Till sist, när envisa historiska fakta hade skingrat alla
berusande effekter av självbedrägeri
**esta forma de socialismo terminó en un miserable ataque de
lástima**

Denna form av socialism slutade i ett eländigt anfall av
medlidande.

c) Socialismo alemán o "verdadero"
c) Tysk eller "sann" socialism

**La literatura socialista y comunista de Francia se originó
bajo la presión de una burguesía en el poder**
Den socialistiska och kommunistiska litteraturen i Frankrike
uppstod under trycket från en bourgeoisi vid makten
**Y esta literatura era la expresión de la lucha contra este
poder**
Och denna litteratur var ett uttryck för kampen mot denna
makt
**se introdujo en Alemania en un momento en que la
burguesía acababa de comenzar su lucha contra el
absolutismo feudal**
Den infördes i Tyskland vid en tidpunkt då bourgeoisin just
hade börjat sin kamp mot den feodala absolutismen
**Los filósofos alemanes, los aspirantes a filósofos y los beaux
esprits, se apoderaron con avidez de esta literatura**
Tyska filosofer, blivande filosofer och beaux esprits grep ivrigt
tag i denna litteratur
**pero olvidaron que los escritos emigraron de Francia a
Alemania sin traer consigo las condiciones sociales francesas**
men de glömde, att skrifterna invandrade från Frankrike till
Tyskland utan att föra med sig de franska
samhällsförhållandena
**En contacto con las condiciones sociales alemanas, esta
literatura francesa perdió toda su significación práctica
inmediata**
I kontakten med de tyska samhällsförhållandena förlorade
denna franska litteratur all sin omedelbara praktiska betydelse

y la literatura comunista de Francia asumió un aspecto
puramente literario en los círculos académicos alemanes
och den kommunistiska litteraturen i Frankrike antog en rent
litterär sida i tyska akademiska kretsar
Así, las exigencias de la primera Revolución Francesa no
eran más que las exigencias de la "Razón Práctica"
Den första franska revolutionens krav var alltså ingenting
annat än det "praktiska förnuftets" krav
y la expresión de la voluntad de la burguesía revolucionaria
francesa significaba a sus ojos la ley de la voluntad pura
Och uttalandet av den revolutionära franska bourgeoisins vilja
betydde i deras ögon den rena viljans lag
significaba la Voluntad tal como estaba destinada a ser; de la
verdadera Voluntad humana en general
det betydde Viljan så som den måste vara; av sann mänsklig
vilja i allmänhet
El mundo de los literatos alemanes consistía únicamente en
armonizar las nuevas ideas francesas con su antigua
conciencia filosófica
Den tyska litteraturens värld bestod endast i att bringa de nya
franska idéerna i harmoni med deras gamla filosofiska
samvete
o mejor dicho, se anexionaron las ideas francesas sin
abandonar su propio punto de vista filosófico
eller rättare sagt, de annekterade de franska idéerna utan att
överge sin egen filosofiska ståndpunkt
Esta anexión se llevó a cabo de la misma manera en que se
apropia una lengua extranjera, es decir, por traducción
Denna annektering ägde rum på samma sätt som ett
främmande språk tillägnas, nämligen genom översättning
Es bien sabido cómo los monjes escribieron vidas tontas de
santos católicos sobre manuscritos
Det är välkänt hur munkarna skrev fåniga liv om katolska
helgon över manuskript
los manuscritos sobre los que se habían escrito las obras
clásicas del antiguo paganismo

de manuskript på vilka den forntida hedendomens klassiska
verk hade skrivits
**Los literatos alemanes invirtieron este proceso con la
literatura profana francesa**
Den tyska litteraturen vände på denna process med den
profana franska litteraturen
Escribieron sus tonterías filosóficas bajo el original francés
De skrev sitt filosofiska nonsens under det franska originalet
**Por ejemplo, debajo de la crítica francesa a las funciones
económicas del dinero, escribieron "Alienación de la
humanidad"**
Under den franska kritiken av pengarnas ekonomiska
funktioner skrev de till exempel "Mänsklighetens alienation"
**debajo de la crítica francesa al Estado burgués escribieron
"destronamiento de la categoría de general"**
Under den franska kritiken av den borgerliga staten skrev de
"detronisering av generalkategorin"
**La introducción de estas frases filosóficas en el reverso de
las críticas históricas francesas las denominó:**
Introduktionen av dessa filosofiska fraser i bakgrunden av den
franska historiekritiken döptes till:
**"Filosofía de la acción", "Socialismo verdadero", "Ciencia
alemana del socialismo", "Fundamentos filosóficos del
socialismo", etc**
"Handlingsfilosofin", "den sanna socialismen", "den tyska
vetenskapen om socialismen", "socialismens filosofiska
grundval" o.s.v.
**De este modo, la literatura socialista y comunista francesa
quedó completamente castrada**
Den franska socialistiska och kommunistiska litteraturen blev
därmed fullständigt kastrerad
**en manos de los filósofos alemanes dejó de expresar la lucha
de una clase con la otra**
I de tyska filosofernas händer upphörde den att ge uttryck för
den ena klassens kamp mot den andra

y así los filósofos alemanes se sintieron conscientes de haber
superado la "unilateralidad francesa"
och så kände sig de tyska filosoferna medvetna om att de hade
övervunnit den "franska ensidigheten"
no tenía que representar requisitos verdaderos, sino que
representaba requisitos de verdad
Den behövde inte representera verkliga krav, snarare
representerade den sanningens krav
no había interés en el proletariado, más bien, había interés
en la Naturaleza Humana
Det fanns inget intresse för proletariatet, snarare fanns det ett
intresse för den mänskliga naturen
el interés estaba en el Hombre en general, que no pertenece
a ninguna clase y no tiene realidad
Man intresserade sig för människan i allmänhet, som inte
tillhör någon klass och inte har någon verklighet
Un hombre que sólo existe en el brumoso reino de la
fantasía filosófica
En man som bara existerar i den filosofiska fantasins dimmiga
rike
pero con el tiempo este colegial socialismo alemán también
perdió su inocencia pedante
Men till slut förlorade även denna skolpojke, den tyska
socialismen, sin pedantiska oskuldsfullhet
la burguesía alemana, y especialmente la burguesía
prusiana, lucharon contra la aristocracia feudal
Den tyska bourgeoisin och särskilt den preussiska bourgeoisin
kämpade mot den feodala aristokratin
la monarquía absoluta de Alemania y Prusia también estaba
siendo combatida
Den absoluta monarkin i Tyskland och Preussen var också i
strid
Y a su vez, la literatura del movimiento liberal también se
hizo más seria
Och i gengäld blev också den liberala rörelsens litteratur mer
seriös

Se le ofreció a Alemania la tan deseada oportunidad del "verdadero" socialismo

Tysklands länge efterlängtade möjlighet till "sann" socialism erbjöds

la oportunidad de confrontar al movimiento político con las reivindicaciones socialistas

Möjligheten att konfrontera den politiska rörelsen med de socialistiska kraven

la oportunidad de lanzar los anatemas tradicionales contra el liberalismo

Möjligheten att slunga de traditionella förbannelserna mot liberalismen

la oportunidad de atacar al gobierno representativo y a la competencia burguesa

Möjligheten att angripa den representativa regeringen och bourgeoisins konkurrens

Libertad de prensa burguesa, Legislación burguesa, Libertad e igualdad burguesa

bourgeoisins pressfrihet, bourgeoisins lagstiftning, bourgeoisins frihet och jämlikhet

Todo esto ahora podría ser criticado en el mundo real, en lugar de en la fantasía

Allt detta skulle nu kunna kritiseras i den verkliga världen, snarare än i fantasin

La aristocracia feudal y la monarquía absoluta habían predicado durante mucho tiempo a las masas

Den feodala aristokratin och den absoluta monarkin hade länge predikats för massorna

"El obrero no tiene nada que perder y tiene todo que ganar"

"Arbetaren har inget att förlora, och han har allt att vinna"

el movimiento burgués también ofrecía la oportunidad de hacer frente a estos tópicos

Den borgerliga rörelsen erbjöd också en möjlighet att konfrontera dessa plattityder

la crítica francesa presuponía la existencia de la sociedad burguesa moderna

Den franska kritiken förutsatte existensen av ett modernt
borgerligt samhälle

**Las condiciones económicas de existencia de la burguesía y
la constitución política de la burguesía**

Bourgeoisins ekonomiska levnadsbetingelser och bourgeoisins
politiska författning

**las mismas cosas cuya consecución era el objeto de la lucha
pendiente en Alemania**

just de ting, vilkas förverkligande var föremål för den
förestående kampen i Tyskland

**El estúpido eco del socialismo alemán abandonó estos
objetivos justo a tiempo**

Tysklands enfaldiga eko av socialismen övergav dessa mål i
sista sekund

**Los gobiernos absolutos tenían sus seguidores de párrocos,
profesores, escuderos y funcionarios**

De absoluta regeringarna hade sina anhängare av präster,
professorer, godsägare och ämbetsmän

**el gobierno de la época se enfrentó a los levantamientos de
la clase obrera alemana con azotes y balas**

Den dåvarande regeringen mötte de tyska arbetarupproren
med spöstraff och kulor

**para ellos este socialismo servía de espantapájaros contra la
burguesía amenazadora**

För dem tjänade denna socialism som en välkommen
fågelskrämma mot den hotande bourgeoisin

**y el gobierno alemán pudo ofrecer un postre dulce después
de las píldoras amargas que repartió**

och den tyska regeringen kunde erbjuda en söt efterrätt efter
de bittra piller som den delade ut

**este "verdadero" socialismo servía así a los gobiernos como
arma para combatir a la burguesía alemana**

Denna "sanna" socialism tjänade alltså regeringarna som ett
vapen i kampen mot den tyska bourgeoisin

**y, al mismo tiempo, representaba directamente un interés
reaccionario; la de los filisteos alemanes**

Och samtidigt representerade den direkt ett reaktionärt
intresse; de tyska filistrarnas, som är en av de tyska filistrarna,
**En Alemania, la pequeña burguesía es la verdadera base
social del actual estado de cosas**
I Tyskland är småbourgeoisin den verkliga samhälleliga
grundvalen för det nuvarande sakernas tillstånd
**Una reliquia del siglo XVI que ha ido surgiendo
constantemente bajo diversas formas**
En kvarleva från 1500-talet som ständigt har dykt upp i olika
former
**Preservar esta clase es preservar el estado de cosas existente
en Alemania**
Att bevara denna klass är att bevara det rådande tillståndet i
Tyskland
**La supremacía industrial y política de la burguesía amenaza
a la pequeña burguesía con una destrucción segura**
Bourgeoisins industriella och politiska överhöghet hotar
småbourgeoisin med säker undergång
**por un lado, amenaza con destruir a la pequeña burguesía a
través de la concentración del capital**
Å ena sidan hotar den att förinta småbourgeoisin genom
kapitalets koncentration
**por otra parte, la burguesía amenaza con destruirla mediante
el ascenso de un proletariado revolucionario**
Å andra sidan hotar bourgeoisin att förstöra den genom ett
revolutionärt proletariats uppkomst
**El "verdadero" socialismo parecía matar estos dos pájaros de
un tiro. Se extendió como una epidemia**
Den "sanna" socialismen tycktes slå dessa två flugor i en smäll.
Den spred sig som en epidemi
**El manto de telarañas especulativas, bordado con flores de
retórica, empapado en el rocío de un sentimiento enfermizo**
Klädnaden av spekulativa spindelväv, broderad med
retorikens blommor, indränkt i den sjukliga känslans dagg
**esta túnica trascendental en la que los socialistas alemanes
envolvían sus tristes "verdades eternas"**

denna transcendentala mantel, i vilken de tyska socialisterna svepte in sina sorgliga "eviga sanningar"

toda la piel y los huesos, sirvieron para aumentar maravillosamente la venta de sus productos entre un público tan

skinn och ben, tjänade till att på ett underbart sätt öka försäljningen av deras varor bland en sådan

Y por su parte, el socialismo alemán reconocía, cada vez más, su propia vocación

Och den tyska socialismen å sin sida erkände mer och mer sin egen kallelse

estaba llamado a ser el grandilocuente representante de la pequeña burguesía filistea

Den kallades att vara den bombastiska representanten för den småborgerliga kälkborgaren

Proclamaba que la nación alemana era la nación modelo, y que el pequeño filisteo alemán era el hombre modelo

Den proklamerade att den tyska nationen var mönsternationen och den tyska småfilistén mönstermänniskan

A cada maldad malvada de este hombre modelo le daba una interpretación socialista oculta y superior

Åt varje skurkaktig elakhet hos denna mönstermänniska gav den en dold, högre, socialistisk tolkning

esta interpretación socialista superior era exactamente lo contrario de su carácter real

Denna högre, socialistiska tolkning var raka motsatsen till dess verkliga karaktär

Llegó al extremo de oponerse directamente a la tendencia "brutalmente destructiva" del comunismo

Den gick så långt att den direkt motsatte sig kommunismens "brutalt destruktiva" tendens

y proclamó su supremo e imparcial desprecio de todas las luchas de clases

Och den proklamerade sitt oerhörda och opartiska förakt för alla klasskamper

Con muy pocas excepciones, todas las publicaciones
llamadas socialistas y comunistas que ahora (1847) circulan
en Alemania pertenecen al dominio de esta literatura sucia y
enervante
Med mycket få undantag hör alla de s.k. socialistiska och
kommunistiska publikationer, som nu (1847) cirkulerar i
Tyskland, till denna smutsiga och enerverande litteraturs
område

2) Socialismo conservador o socialismo burgués
2) Konservativ socialism eller borgerlig socialism

Una parte de la burguesía está deseosa de reparar los agravios sociales
En del av bourgeoisin är angelägen om att avhjälpa de sociala missförhållandena
con el fin de asegurar la continuidad de la sociedad burguesa
för att trygga det borgerliga samhällets fortbestånd
A esta sección pertenecen economistas, filántropos, humanistas
Till denna sektion hör ekonomer, filantroper, humanister
mejoradores de la condición de la clase obrera y organizadores de la caridad
förbättrare av arbetarklassens ställning och organisatörer av välgörenhet
Miembros de las Sociedades para la Prevención de la Crueldad contra los Animales
Medlemmar i föreningar för förhindrande av djurplågeri
fanáticos de la templanza, reformadores de todo tipo imaginable
Nykterhetsfanatiker, hål-och-vrå-reformatorer av alla tänkbara slag
Esta forma de socialismo, además, ha sido elaborada en sistemas completos
Denna form av socialism har dessutom utarbetats till fullständiga system
Podemos citar la "Philosophie de la Misère" de Proudhon como ejemplo de esta forma
Vi kan anföra Proudhons "Philosophie de la Misère" som ett exempel på denna form
La burguesía socialista quiere todas las ventajas de las condiciones sociales modernas
Den socialistiska bourgeoisin vill ha de moderna samhällsförhållandenas alla fördelar

pero la burguesía socialista no quiere necesariamente las luchas y los peligros resultantes

Men den socialistiska bourgeoisin vill inte nödvändigtvis ha de strider och faror som blir följden

Desean el estado actual de la sociedad, menos sus elementos revolucionarios y desintegradores

De vill ha det existerande samhällstillståndet, minus dess revolutionära och sönderfallande element

en otras palabras, desean una burguesía sin proletariado

med andra ord, de vill ha en bourgeoisi utan proletariat

La burguesía concibe naturalmente el mundo en el que es supremo ser el mejor

Bourgeoisin föreställer sig naturligtvis den värld, i vilken den är den högsta att vara bäst

y el socialismo burgués desarrolla esta cómoda concepción en varios sistemas más o menos completos

Och den borgerliga socialismen utvecklar denna bekväma uppfattning i olika mer eller mindre fullständiga system

les gustaría mucho que el proletariado marchara directamente hacia la Nueva Jerusalén social

de skulle mycket gärna vilja att proletariatet genast marscherade in i det sociala Nya Jerusalem

pero en realidad requiere que el proletariado permanezca dentro de los límites de la sociedad existente

Men i realiteten kräver det att proletariatet håller sig inom det existerande samhällets gränser

piden al proletariado que abandone todas sus ideas odiosas sobre la burguesía

De ber proletariatet att kasta bort alla sina förhatliga idéer om bourgeoisin

hay una segunda forma más práctica, pero menos sistemática, de este socialismo

Det finns en andra, mer praktisk, men mindre systematisk form av denna socialism

Esta forma de socialismo buscaba despreciar todo movimiento revolucionario a los ojos de la clase obrera

Denna form av socialism strävade efter att nedvärdera varje revolutionär rörelse i arbetarklassens ögon

Argumentan que ninguna mera reforma política podría ser ventajosa para ellos

De hävdar att inga enbart politiska reformer skulle kunna vara till någon fördel för dem

Sólo un cambio en las condiciones materiales de existencia en las relaciones económicas es beneficioso

Endast en förändring av de materiella existensbetingelserna i de ekonomiska förhållandena är till nytta

Al igual que el comunismo, esta forma de socialismo aboga por un cambio en las condiciones materiales de existencia

Liksom kommunismen förespråkar denna form av socialism en förändring av de materiella levnadsbetingelserna

sin embargo, esta forma de socialismo no sugiere en modo alguno la abolición de las relaciones de producción burguesas

Men denna form av socialism innebär på intet sätt ett avskaffande av bourgeoisins produktionsförhållanden

la abolición de las relaciones de producción burguesas sólo puede lograrse mediante una revolución

Avskaffandet av bourgeoisins produktionsförhållanden kan endast uppnås genom en revolution

Pero en lugar de una revolución, esta forma de socialismo sugiere reformas administrativas

Men i stället för en revolution föreslår denna form av socialism administrativa reformer

y estas reformas administrativas se basarían en la continuidad de estas relaciones

Och dessa administrativa reformer skulle bygga på att dessa förbindelser skulle fortsätta att existera

reformas, por lo tanto, que no afectan en ningún aspecto a las relaciones entre el capital y el trabajo

reformer som därför inte på något sätt påverkar förhållandet mellan kapital och arbete

en el mejor de los casos, tales reformas disminuyen el costo y simplifican el trabajo administrativo del gobierno burgués

I bästa fall minskar sådana reformer kostnaderna och förenklar den borgerliga regeringens administrativa arbete

El socialismo burgués alcanza una expresión adecuada cuando, y sólo cuando, se convierte en una mera figura retórica

Den borgerliga socialismen kommer till ett adekvat uttryck, när och endast när den blir ett rent bildligt uttryck

Libre comercio: en beneficio de la clase obrera

Frihandel: till gagn för arbetarklassen

Deberes protectores: en beneficio de la clase obrera

Skyddsuppgifter: till förmån för arbetarklassen

Reforma Penitenciaria: en beneficio de la clase trabajadora

Fängelsereform: till gagn för arbetarklassen

Esta es la última palabra y la única palabra seria del socialismo burgués

Detta är den borgerliga socialismens sista ord och det enda allvarligt menade ordet

Se resume en la frase: la burguesía es una burguesía en beneficio de la clase obrera

Det kan sammanfattas i frasen: bourgeoisin är en bourgeoisi till förmån för arbetarklassen

3) Socialismo crítico-utópico y comunismo
3) Kritisk-utopisk socialism och kommunism

No nos referimos aquí a esa literatura que siempre ha dado voz a las reivindicaciones del proletariado
Vi syftar här inte på den litteratur som alltid har gett röst åt proletariatets krav
esto ha estado presente en todas las grandes revoluciones modernas, como los escritos de Babeuf y otros
Detta har varit närvarande i varje stor modern revolution, såsom i skrifter av Babeuf och andra
Las primeras tentativas directas del proletariado para alcanzar sus propios fines fracasaron necesariamente
Proletariatets första direkta försök att uppnå sina egna mål misslyckades med nödvändighet
Estos intentos se hicieron en tiempos de excitación universal, cuando la sociedad feudal estaba siendo derrocada
Dessa försök gjordes i tider av allmän upphetsning, då det feodala samhället höll på att störtas
El entonces subdesarrollado del proletariado llevó a que fracasaran esos intentos
Proletariatets då outvecklade tillstånd ledde till att dessa försök misslyckades
y fracasaron por la ausencia de las condiciones económicas para su emancipación
Och de misslyckades på grund av att det saknades de ekonomiska förutsättningarna för dess frigörelse
condiciones que aún no se habían producido, y que sólo podían ser producidas por la inminente época de la burguesía
betingelser som ännu inte hade skapats och som endast kunde frambringas av den förestående bourgeoisin,
La literatura revolucionaria que acompañó a estos primeros movimientos del proletariado tuvo necesariamente un carácter reaccionario

Den revolutionära litteratur som åtföljde dessa proletariatets
första rörelser hade med nödvändighet en reaktionär karaktär
**Esta literatura inculcó el ascetismo universal y la nivelación
social en su forma más cruda**
Denna litteratur inskärpte universell askes och social
nivellering i dess grövsta form
**Los sistemas socialista y comunista, propiamente dichos,
surgen en el período temprano no desarrollado**
De socialistiska och kommunistiska systemen, i egentlig
mening, uppstod under den tidiga outvecklade perioden
**Saint-Simon, Fourier, Owen y otros, describieron la lucha
entre el proletariado y la burguesía (ver sección 1)**
Saint-Simon, Fourier, Owen m.fl. skildrade kampen mellan
proletariatet och bourgeoisin (se avsnitt 1)
**Los fundadores de estos sistemas ven, en efecto, los
antagonismos de clase**
Grundarna av dessa system ser i själva verket
klassmotsättningarna
**también ven la acción de los elementos en descomposición,
en la forma predominante de la sociedad**
De ser också de sönderfallande elementens verksamhet i den
rådande samhällsformen
**Pero el proletariado, todavía en su infancia, les ofrece el
espectáculo de una clase sin ninguna iniciativa histórica**
Men proletariatet, som ännu befinner sig i sin linda, erbjuder
dem skådespelet av en klass utan något historiskt initiativ
**Ven el espectáculo de una clase social sin ningún
movimiento político independiente**
De ser skådespelet av en social klass utan någon självständig
politisk rörelse
**El desarrollo del antagonismo de clase sigue el mismo ritmo
que el desarrollo de la industria**
Klassmotsättningarnas utveckling håller jämna steg med
industrins utveckling

De modo que la situación económica no les ofrece todavía las condiciones materiales para la emancipación del proletariado

Det ekonomiska läget erbjuder dem alltså ännu inte de materiella betingelserna för proletariatets frigörelse

Por lo tanto, buscan una nueva ciencia social, nuevas leyes sociales, que creen estas condiciones

De söker därför efter en ny samhällsvetenskap, efter nya samhällslagar, som skall skapa dessa betingelser

acción histórica es ceder a su acción inventiva personal

Historiskt handlande är att ge vika för sin personliga uppfinningsrikedom

Las condiciones de emancipación creadas históricamente han de ceder ante condiciones fantásticas

Historiskt skapade betingelser för frigörelse skall ge vika för fantastiska betingelser

y la organización gradual y espontánea de clase del proletariado debe ceder ante la organización de la sociedad

Och proletariatets gradvisa, spontana klassorganisation måste ge vika för samhällets organisering

la organización de la sociedad especialmente ideada por estos inventores

Den samhällsorganisation som dessa uppfinnare särskilt utarbetat

La historia futura se resuelve, a sus ojos, en la propaganda y en la realización práctica de sus planes sociales

Den framtida historien upplöses i deras ögon i propaganda och praktiskt genomförande av deras sociala planer

En la formación de sus planes son conscientes de preocuparse principalmente por los intereses de la clase obrera

Vid utformningen av sina planer är de medvetna om att de i första hand tar hänsyn till arbetarklassens intressen

Sólo desde el punto de vista de ser la clase más sufriente existe el proletariado para ellos

Endast som den mest lidande klassen existerar proletariatet
för dem
**El estado subdesarrollado de la lucha de clases y su propio
entorno informan sus opiniones**
Klasskampens outvecklade tillstånd och deras egen
omgivning präglar deras åsikter
**Los socialistas de este tipo se consideran muy superiores a
todos los antagonismos de clase**
Socialister av detta slag anser sig vara vida överlägsna alla
klassmotsättningar
**Quieren mejorar la condición de todos los miembros de la
sociedad, incluso la de los más favorecidos**
De vill förbättra villkoren för varje medlem i samhället, även
för de mest gynnade
**De ahí que habitualmente atraigan a la sociedad en general,
sin distinción de clase**
Därför appellerar de vanemässigt till samhället i stort, utan
åtskillnad på klassnivå
**Es más, apelan a la sociedad en general con preferencia a la
clase dominante**
Nej, de appellerar till samhället i stort i stället för den
härskande klassen
**Para ellos, todo lo que se requiere es que los demás
entiendan su sistema**
För dem är allt som krävs att andra förstår deras system
**Porque, ¿cómo puede la gente no ver que el mejor plan
posible es para el mejor estado posible de la sociedad?**
För hur kan människor undgå att se att den bästa möjliga
planen är för ett så bra samhällstillstånd som möjligt?
**Por lo tanto, rechazan toda acción política, y especialmente
toda acción revolucionaria**
Därför förkastar de all politisk, och särskilt all revolutionär,
aktion
desean alcanzar sus fines por medios pacíficos
De vill uppnå sina mål med fredliga medel

se esfuerzan, mediante pequeños experimentos, que están
necesariamente condenados al fracaso
De försöker sig på små experiment, som med nödvändighet är
dömda att misslyckas
y con la fuerza del ejemplo tratan de abrir el camino al
nuevo Evangelio social
och genom exemplets makt försöker de bana väg för det nya
sociala evangeliet
Cuadros tan fantásticos de la sociedad futura, pintados en un
momento en que el proletariado se encuentra todavía en un
estado muy subdesarrollado
Så fantastiska bilder av det framtida samhället, målade i en tid
då proletariatet ännu befinner sig i ett mycket outvecklat
tillstånd
y todavía no tiene más que una concepción fantástica de su
propia posición
Och den har ännu bara en fantasifull föreställning om sin egen
ställning
pero sus primeros anhelos instintivos corresponden a los
anhelos del proletariado
Men deras första instinktiva längtan motsvarar proletariatets
längtan
Ambos anhelan una reconstrucción general de la sociedad
Båda längtar efter en allmän omdaning av samhället
Pero estas publicaciones socialistas y comunistas también
contienen un elemento crítico
Men dessa socialistiska och kommunistiska publikationer
innehåller också ett kritiskt element
Atacan todos los principios de la sociedad existente
De angriper varje princip i det existerande samhället
De ahí que estén llenos de los materiales más valiosos para
la ilustración de la clase obrera
Därför är de fulla av det värdefullaste material för
arbetarklassens upplysning
Proponen la abolición de la distinción entre la ciudad y el
campo, y la familia

De föreslår att distinktionen mellan stad och landsbygd och familjen skall avskaffas

la supresión de la explotación de industrias por cuenta de los particulares

avskaffande av näringsverksamhet för enskilda personers räkning

y la abolición del sistema salarial y la proclamación de la armonía social

och avskaffandet av lönesystemet och proklamationen av social harmoni

la conversión de las funciones del Estado en una mera superintendencia de la producción

Förvandlingen av statens funktioner till en ren övervakning av produktionen

Todas estas propuestas, apuntan únicamente a la desaparición de los antagonismos de clase

Alla dessa förslag pekar endast på klassmotsättningarnas försvinnande

Los antagonismos de clase estaban, en ese momento, apenas surgiendo

Klassmotsättningarna hade vid denna tid bara börjat dyka upp

En estas publicaciones estos antagonismos de clase se reconocen sólo en sus formas más tempranas, indistintas e indefinidas

I dessa skrifter erkänner man dessa klassmotsättningar endast i sina tidigaste, oklara och obestämda former

Estas propuestas, por lo tanto, son de carácter puramente utópico

Dessa förslag är därför av rent utopisk karaktär

La importancia del socialismo crítico-utópico y del comunismo guarda una relación inversa con el desarrollo histórico

Den kritiskt-utopiska socialismens och kommunismens betydelse står i omvänt förhållande till den historiska utvecklingen

La lucha de clases moderna se desarrollará y continuará tomando forma definitiva
Den moderna klasskampen kommer att utvecklas och fortsätta att ta definitiv form
Esta fantástica posición del concurso perderá todo valor práctico
Denna fantastiska ställning från tävlingen kommer att förlora allt praktiskt värde
Estos fantásticos ataques a los antagonismos de clase perderán toda justificación teórica
Dessa fantastiska angrepp på klassmotsättningarna kommer att förlora allt teoretiskt berättigande
Los creadores de estos sistemas fueron, en muchos aspectos, revolucionarios
Upphovsmännen till dessa system var i många avseenden revolutionerande
pero sus discípulos han formado, en todos los casos, meras sectas reaccionarias
Men deras lärjungar har i varje fall bildat rena reaktionära sekter
Se aferran firmemente a los puntos de vista originales de sus amos
De håller hårt fast vid sina herrars ursprungliga åsikter
Pero estos puntos de vista se oponen al desarrollo histórico progresivo del proletariado
Men dessa åsikter står i motsättning till proletariatets progressiva historiska utveckling
Por lo tanto, se esfuerzan, y eso de manera consecuente, por amortiguar la lucha de clases
De bemödar sig därför och detta konsekvent om att dämpa klasskampen
y se esfuerzan constantemente por reconciliar los antagonismos de clase
Och de bemödar sig konsekvent om att försona klassmotsättningarna

Todavía sueñan con la realización experimental de sus utopías sociales
De drömmer fortfarande om ett experimentellt förverkligande av sina sociala utopier
todavía sueñan con fundar "falansterios" aislados y establecer "colonias domésticas"
de drömmer fortfarande om att grunda isolerade "falangsterer" och etablera "hemkolonier"
sueñan con establecer una "Pequeña Icaria": ediciones duodécimas de la Nueva Jerusalén
de drömmer om att sätta upp ett "Lilla Ikaria" – duodecimo-utgåvor av det nya Jerusalem
y sueñan con realizar todos estos castillos en el aire
Och de drömmer om att förverkliga alla dessa luftslott
se ven obligados a apelar a los sentimientos y a las carteras de los burgueses
De är tvungna att vädja till bourgeoisins känslor och plånböcker
Poco a poco se hunden en la categoría de los socialistas conservadores reaccionarios descritos anteriormente
Undan för undan sjunker de ner i den kategori av reaktionära konservativa socialister som beskrivits ovan
sólo se diferencian de ellos por una pedantería más sistemática
De skiljer sig från dessa endast genom ett mer systematiskt pedanteri
y se diferencian por su creencia fanática y supersticiosa en los efectos milagrosos de su ciencia social
Och de skiljer sig från varandra genom sin fanatiska och vidskepliga tro på de mirakulösa verkningarna av sin samhällsvetenskap
Por lo tanto, se oponen violentamente a toda acción política por parte de la clase obrera
De motsätter sig därför våldsamt varje politisk aktion från arbetarklassens sida

tal acción, según ellos, sólo puede ser el resultado de una
ciega incredulidad en el nuevo Evangelio

En sådan handling kan, enligt dem, endast vara ett resultat av
blind otro på det nya evangeliet

**Los owenistas en Inglaterra y los fourieristas en Francia,
respectivamente, se oponen a los cartistas y a los reformistas**

Oweniterna i England och fourieristerna i Frankrike är
motståndare till chartisterna och "réformisterna"

Posición de los comunistas en relación con los diversos partidos de oposición existentes
Kommunisternas ställning i förhållande till de olika existerande oppositionspartierna

La sección II ha dejado claras las relaciones de los comunistas con los partidos obreros existentes
Sektion II har klargjort kommunisternas förhållande till de existerande arbetarpartierna
como los cartistas en Inglaterra y los reformadores agrarios en América
såsom chartisterna i England och de agrara reformatorerna i Amerika
Los comunistas luchan por el logro de los objetivos inmediatos
Kommunisterna kämpar för att uppnå de omedelbara målen
Luchan por la imposición de los intereses momentáneos de la clase obrera
De kämpar för att genomdriva arbetarklassens tillfälliga intressen
Pero en el movimiento político del presente, también representan y cuidan el futuro de ese movimiento
Men i den politiska rörelsen av idag representerar och tar de också hand om rörelsens framtid
En Francia, los comunistas se alían con los socialdemócratas
I Frankrike allierar sig kommunisterna med socialdemokraterna
y se posicionan contra la burguesía conservadora y radical
och de positionerar sig mot den konservativa och radikala bourgeoisin
sin embargo, se reservan el derecho de tomar una posición crítica respecto de las frases e ilusiones tradicionalmente transmitidas desde la gran Revolución
Men de förbehåller sig rätten att inta en kritisk ståndpunkt när det gäller fraser och illusioner som traditionellt överlämnats från den stora revolutionen

En Suiza apoyan a los radicales, sin perder de vista que este
partido está formado por elementos antagónicos
I Schweiz stöder de radikalerna, utan att förlora ur sikte det
faktum att detta parti består av antagonistiska element
en parte de los socialistas democráticos, en el sentido
francés, en parte de la burguesía radical
dels av demokratiska socialister i fransk mening, dels av
radikal bourgeoisi
En Polonia apoyan al partido que insiste en la revolución
agraria como condición primordial para la emancipación
nacional
I Polen stöder de det parti som insisterar på en
agrarrevolution som den främsta förutsättningen för nationell
frigörelse
el partido que fomentó la insurrección de Cracovia en 1846
det parti som underblåste upproret i Krakow 1846
En Alemania luchan con la burguesía cada vez que ésta actúa
de manera revolucionaria
I Tyskland kämpar de tillsammans med bourgeoisin, så snart
den handlar på ett revolutionärt sätt
contra la monarquía absoluta, la nobleza feudal y la pequeña
burguesía
mot den absoluta monarkin, den feodala godsägaren och
småbourgeoisin
Pero no cesan, ni por un solo instante, de inculcar en la clase
obrera una idea particular
Men de upphör aldrig, för ett enda ögonblick, att ingjuta i
arbetarklassen en särskild idé
el reconocimiento más claro posible del antagonismo hostil
entre la burguesía y el proletariado
ett så klart erkännande som möjligt av den fientliga
antagonismen mellan bourgeoisi och proletariat
para que los obreros alemanes puedan utilizar
inmediatamente las armas de que disponen
så att de tyska arbetarna genast kan använda de vapen de
förfogar över

las condiciones sociales y políticas que la burguesía debe
introducir necesariamente junto con su supremacía
de sociala och politiska betingelser, som bourgeoisin med
nödvändighet måste införa vid sidan av sin överhöghet
la caída de las clases reaccionarias en Alemania es inevitable
De reaktionära klassernas fall i Tyskland är oundvikligt
y entonces la lucha contra la burguesía misma puede
comenzar inmediatamente
och då kan kampen mot bourgeoisin själv omedelbart börja
Los comunistas dirigen su atención principalmente a
Alemania, porque este país está en vísperas de una
revolución burguesa
Kommunisterna riktar sin uppmärksamhet huvudsakligen
mot Tyskland, emedan detta land står på tröskeln till en
bourgeoisirevolution
una revolución que está destinada a llevarse a cabo en las
condiciones más avanzadas de la civilización europea
en revolution som måste genomföras under mer avancerade
förhållanden i den europeiska civilisationen
y está destinado a llevarse a cabo con un proletariado mucho
más desarrollado
Och den måste genomföras med ett mycket mer utvecklat
proletariat
un proletariado más avanzado que el de Inglaterra en el
XVII y el de Francia en el siglo XVIII
ett proletariat som var mer avancerat än det i England på
1600-talet och i Frankrike på 1700-talet
y porque la revolución burguesa en Alemania no será más
que el preludio de una revolución proletaria
inmediatamente posterior
och emedan bourgeoisins revolution i Tyskland endast
kommer att vara upptakten till en omedelbart följande
proletär revolution
En resumen, los comunistas apoyan en todas partes todo
movimiento revolucionario contra el orden social y político
existente

Kort sagt, kommunisterna stöder överallt varje revolutionär
rörelse mot den bestående sociala och politiska ordningen

**En todos estos movimientos ponen en primer plano, como
cuestión principal en cada uno de ellos, la cuestión de la
propiedad**

I alla dessa rörelser ställer de egendomsfrågan i förgrunden,
som den ledande frågan i var och en av dem.

**no importa cuál sea su grado de desarrollo en ese país en ese
momento**

oavsett vilken grad av utveckling den har i det landet vid den
tidpunkten

**Finalmente, trabajan en todas partes por la unión y el
acuerdo de los partidos democráticos de todos los países**

Slutligen arbetar de överallt för att de demokratiska partierna i
alla länder skall enas och enas

**Los comunistas desdeñan ocultar sus puntos de vista y sus
objetivos**

Kommunisterna föraktar att dölja sina åsikter och mål

**Declaran abiertamente que sus fines sólo pueden alcanzarse
mediante el derrocamiento por la fuerza de todas las
condiciones sociales existentes**

De förklarar öppet, att deras mål endast kan uppnås genom ett
våldsamt omstörtande av alla existerande
samhällsförhållanden

**Que las clases dominantes tiemblen ante una revolución
comunista**

Må de härskande klasserna darra inför den kommunistiska
revolutionen

**Los proletarios no tienen nada que perder más que sus
cadenas**

Proletärerna har inget annat att förlora än sina bojor

Tienen un mundo que ganar

De har en värld att vinna

¡TRABAJADORES DE TODOS LOS PAÍSES, UNÍOS!

ARBETANDE MÄN I ALLA LÄNDER, FÖRENA ER!

www.tranzlaty.com